教師と学校の失敗学

なぜ変化に対応できないのか

妹尾昌俊
Senoo Masatoshi

PHP新書

はじめに――学校の本質的な問題を読み解き、失敗から学ぶために

「日本の学校はまだまだ遅れているな……」
「子どもたち目線や保護者目線で、もう少し考えることができてもいいんじゃないか」

この4月に地元の公立中学校に入学した次女から手渡された、何枚ものプリントを前にして、私は少々ため息をつきました。

生徒の基礎データを整理するシート、家庭環境調査（同居者の情報や学校から自宅までの地図）、緊急時の引き渡し確認票、健康状態や診断結果を記入するシートなど……。そこに氏名や住所、電話番号といった同じ情報を何度も手書きします。

公立小中学校の場合、学校を設置・管理する教育委員会は、児童生徒の基本的な情報や家庭情報の一部をもっています（住民票がある自治体ですので）。にもかかわらず、新年度で忙しい保護者になぜそれらの情報を書かせようとするのか、理解に苦しみます。

緊急連絡先を聞かれるのはわかりますが、メールアドレスを聞かれたことはありませ

ん。令和になっても、学校のスタンダードはいまだに電話連絡や連絡帳なのです。

年1回のことですし、たいした問題ではない、と思う人もいるでしょう。

確かにそうですが、私がもっと大きな問題だと思うのは、こうした小さなことひとつとっても、**学校や教育行政（教育委員会等）が変わろうとしてこなかったこと。その結果、デジタル化が進む世の中から学校が取り残されてしまっている現実を、多くの保護者や子どもたちに「お知らせ」してしまっていること**です。

そんな「変わろうとしない学校」「身動きがとれなくなっている日本の教育」を象徴していたのが、約1年前の全国一斉休校のときの対応でした。

学校が止まった日、なにが起きていたか？

2020年2月27日、突如、全国一斉休校は発表されました。文部科学省（文科省）がそれを知ったのが当日の午前11時8分だったという報道からしても、いかにも急転直下の事態であったことがわかります。この日、安倍首相（当時）が政府の対策本部会議で、翌週の3月2日から春休みまでの一斉休校を要請しました。しかし、3月2日は月曜日。各地の学校、教育委員会は残された登校日が2月28日の金曜日しかないということで、大混乱しました。実際、3月2日は登校日として、3日から休校（より正確な用語としては臨時休業）とする地域も多くありました。

全国一斉休校が決まった当時、校長や先生たちからは「卒業式をどうしようか」「通知表をどう渡そうか」という戸惑いの声が多く聞かれました。[1]

しかし、卒業式は、学校行事のなかで特に重要な節目ですが、卒業生と教職員のみ出席（来賓や保護者なし）とするなど開催方法の工夫はできましたし、通知表は法的には何も定められていないので、出しても出さなくてもいいものです。[2] ですから、これらは後述する問題と比べると、深刻な問題とは言えませんでした。

前例は通用せず、なにが正解かなど誰もがわからないなか、教職員も教育行政も、とてもたいへんな状況でした。ですが、率直に申し上げると、**卒業式や通知表を心配するよりも、もっと別のところに知恵を絞って行動していくべきでした。**

1　たとえば、休校が決まった翌日2月28日の朝日新聞は「通知表、どうやって渡すのか　前代未聞の休校判断に混乱」という見出しで報じました。

2　通知表に似ていますが、児童生徒の学籍情報や指導の記録として「指導要録」というものは、学校教育法施行規則において作成が義務付けられています。ただし、要録に何をどこまで書くかは、文科省は参考様式を示しているに過ぎませんから、各教育委員会、学校、学校法人において検討していけることです。

コロナ危機で主体的に動いた学校はごく少数

休校中の学校の大きな課題のひとつが**「休校中の学びをどうするか」**でした。この未曾有《みぞう》の事態でも、子どもたちが安心して学びを進められるようにするため、創意工夫を凝らす学校もありました。

たとえば、岐阜県白川村立の義務教育学校（小中にあたる9年間の一貫教育）である白川《しらかわ》郷《ごう》学園です。白川村は人口約１５００人、村で唯一の学校である白川郷学園では１１４人の児童生徒が学んでいます（２０２０年時点）。

そんなちいさな学校で、一斉休校の約2週間後、20年3月16日の週から、Zoom（ウェブ会議システム）を使った朝の会が始まったのです。私が知るかぎり、私立学校を含めても全国で最も早い動きのひとつだったと思います。

もうひとつの興味深い例は、白川村とはうって変わって大きなまちである熊本市です。休校中の4月15日からすべての市立小中高、１３６校で双方向性のあるオンライン授業を実施しました。熊本市ほどの規模で、休校中の子どもたちのケア（健康観察、児童生徒同士の交流など）や学習支援が広く行われた例はおそらくないでしょう。

実は熊本市は、2016年の熊本地震のときに学校がなかなか再開できず、子どもたちの学びを止めてしまったという強い反省があり、ICT教育（Information and Communication Technology：情報通信技術を活用した教育）を推進していました。その反省が、今回の「休校中の学びの継続」につながったのです。

ところが、白川郷学園や熊本市のような積極的な行動は、全国的にとても珍しいものでした。「代わりになにをしていたのか」と言うと、多くの学校に共通していたことのひとつは、**「プリント爆弾」**でした。つまり、大量の宿題プリントや紙のドリルを配って、「家庭でやっておいてください」というものです。

自学自習できる子や丁寧なケアができる家庭なら、まだそれでもよかったかもしれません。しかし、そういう子どもや家庭は、むしろ少数だった可能性が高いことが、後述する私の調査等でもわかっています。しかも、まだ勉強に慣れていない小学校低学年の児童や、苦手教科のある小中学生、高校生たちは、フォローなき大量の宿題によって、かえって勉強嫌いになってしまった可能性のほうが大きいです。

休校が長引くなか、大量の家庭学習を前に「お子さんの面倒をみてあげてください」と学校から言われて、悲鳴を上げた保護者が続出しました。**「学校は保護者の忙しさを理解していない」「学校は閉めて、プリントを渡してあとはおうちでよろしくって、勉強は家庭に丸投げですか」**という声が多数あがりました。

20年6月、文科省が全国の教育委員会に調査したところ、オンラインで双方向性のある授業等ができた自治体は、小中学校を所掌《しょしょう》するところでは1割にも達しませんでした。学校数でいうと、おそらくもっと低い比率だったでしょう。休校から2カ月、3カ月が経っていたにもかかわらず、「日本の学校の多くは有効な手立てを講じることなく、フリーズ状態だった」のです。

なぜ学校ごとの差はここまで広がったか？

問題は休校中だけではありません。学校再開後、各地の学校のなかには、改善するどころか、このような問題や弱みを抱えたままのところもあります。これは現在進行形で進んでいる問題です。

典型例のひとつがＩＣＴの活用です。現在「ＧＩＧＡスクール構想」と呼ばれる国の政策のもと、小中学校の児童生徒に一人一台コンピュータ端末を整備する事業が急ピッチで進んでいます。20年度末までに98％の自治体が納品を完了予定（文科省調査）ということでしたから、読者のよく知る学校にもタブレットやノートパソコン（ＰＣ）が届いているはずです。
しかし、機器は来たものの、ＩＣＴの活用にはほど遠い学校も多いようです。教育新聞社の最近の調査（21年4月）によると、端末を「授業で日常的に活用している」と答えた教員は19・３％、「端末が届き、授業で時々活用している」という回答は11・８％となった一方で、「端末が届いたが、児童生徒に配布していない」という回答が37・３％でした。[3]
「学校からのお便りプリントはランドセルのなかでグシャグシャ。あとは一斉配信メールでの一方通行な事務的な連絡で、コロナ前となにも変わってない」。そんな保護者の声も聞こえてきます。
さらに、この1年あまり「自主休校」が続いている子たちもいます。本人や家族にぜんそくや心臓疾患などの事情があり、新型コロナに感染すると重症化するおそれがある子どもたちです。ＮＨＫが東京23区と全国の政令市に聞き取りを行ったところ、自主休校中の児童生徒にオンライン授業を行うことが「できる」と回答した自治体は約2割、「課題がありできない」と回答したのは約4割でした。できない自治体では、学習プリントを渡す

3　教育新聞２０２１年4月7日、8日記事。回答数は３５７。回答者には教育新聞の読者が多いと思われるため、一定の偏りがある可能性には留意が必要です。

といった対応が続いており、授業を受けることはできていません。

休校中も、そして学校再開後も、白川村や熊本市のように主体的に積極的に動いて、子どもたちも教職員も生き生きと学び続けている学校がある一方で、多数の学校は、「受け身で指示待ち」で、問題解決や改善からは遠のいているように見えます。

それでいて、先生たち（あるいは教育委員会のトップである教育長）は、子どもたちに向かって「これからの時代は、自ら進んで動く主体性や問題解決力が大事だ！」なんておっしゃっているのですから、矛盾していますよね？

「コロナでたいへんな状況のなかで、私たちは子どもたちのことを思って、一生懸命頑張ってきた」

そうおっしゃる教職員は多いですし、実際に献身的に尽力されてきた方が大半かと思います。私自身も小中学生と高校生の保護者でもありますが、先生方にはとても、とても感謝している部分もたくさんあります。

ですが、努力したかどうかや頑張ったかどうかは、プロフェッショナルな世界ではあまり意味をなしません。問われるのは、結果、成果だからです。たとえば、私も、うちの子どもたちもラーメンが大好きですが、いくら何十時間もスープを煮込むのにかかったと言われても、マズイ店には二度と行きません。大事なのは、意味のあることに努力することです。

ラーメン屋とはちがって、通学する公立小中学校は、居住地でほぼ自動的に決まりますから、子どもも保護者も原則として学校を選べません（特別な事情がある場合や学校選択制の場合などは除く）[4]。それを考慮すると、「あなたの子どもが通う学校はＩＣＴ活用や児童生徒の支援に消極的で、運が悪かったですね」と済ませられる話ではありません。

コロナ禍であらわになった「学校間の取り組みの差」は、なぜ生まれたのか。有効な手だてを打てないままだった学校は、なぜそうなってしまったのか。これが本書で明らかにしたい問いです。なお、小学校から高校までを扱います。公立をメインに議論しますが、私立も決して安泰というわけではなく、参考になる部分もあると考えています。

「学校」「家庭」「社会」の相互不信と分断

この問いを分析していくなかで、私は大きな問題にぶつかりました。一言で表すなら、

4　高校も、一部の高学力層や経済的にゆとりのある家庭を除いて、どこでも幅広く選べる子たちばかりではありません。また、自身で選んだのだからといって、その学校のパフォーマンスが悪くても我慢せよ、という理屈にはなりません。

「学校（教職員）」「家庭（保護者）」「社会（地域）」のコミュニケーション不足による相互不信、もっと言えば、分断が大きくなっていることです。

コロナ危機のなかで記憶が少し薄れているかもしれませんが、神戸市立東須磨小学校で起きた教員間暴力事件は、社会を揺るがす大きな事件として広く報道されました。いまから1年半ほど前のことです。もちろん全国各地の学校で同じようなことがあるわけではありませんが、教師、学校への社会の不信感は確実に高まりました。

そんな矢先での長期にわたる休校でした。先ほど述べた学校の消極的な対応などの影響で、公立小中学校の約半数の保護者が、学校への信頼感が落ちたと回答しています（後述する筆者の調査）。

学校への不信が高まると、学校側は保護者や地域からこれ以上クレームが来ては困ると考え、情報を出さなくなり、積極的に関係をもとうとしなくなります。このようなクローズな姿勢は、「先生たちが何を考えているかわからない」という保護者等からの不信をさらに高めるという悪循環に陥ります。これでは相互の信頼感は高まりません。

こうしていま、多くの学校は身動きが取れない状態になっています。**コロナ禍でただ単に学びが止まったというよりは、学校教育そのものが「フリーズ」した状態。それが今日《こんにち》**

の日本の学校の姿なのです。

なぜ、こんな状態が続いたのでしょうか。直接的な理由のひとつは、変革するリーダー（リーダーシップ）が欠けていたことですが、これは問題の表層の一部に過ぎません。

より深層を探るなら、戦後から長く続いてきた「学校・家庭・社会」の関係がうまく回らなくなっているにもかかわらず、教育関係者の考え方（マインドセット）が古いままでアップデートされてこなかったことが原因ではないか、ということを本書では論じています。言い換えれば、先生たちは多忙な日々で目の前のことに追われるなか、教育活動を根本から振り返り、マズかったことや「失敗」から学ぶことができていなかったのではないか、ということです。

「うちの校長や担任はICTなどには消極的で」と個人の非難に終始したり、「うちの自治体は予算を付けてくれないからできっこない」とあきらめたりするのは、簡単かもしれません。そうではなく、背後にあるもっと構造的な問題に目を向けて、その解決にあたることが、教育関係者にも、私たちにも、必要ではないでしょうか。

本書では、センセーショナルな報道、あるいは思い込みや直感になるべく左右されることなく、筆者独自の調査などを絡めた「データとファクト（事実）」によって、問題の深層に迫ります。

日本の教育を再起動するために、「いま」から始めよう

なぜ私がいま、このタイミングで本書を執筆したのか。それには理由があります。私は教育研究家として、教職員や教育行政向けのアドバイザー、コンサルタントをしています。そして、このコロナ禍でも全国各地の先生や生徒、保護者等の声を聴く機会が多くありました。

そのなかで、教職員や行政職員からは**「休校中のことなど、もう忘れてしまいたい」「触れてほしくない」**という印象を受けることが少なからずありました。

一例としては、「学校評価」といって、各学校が年度末などに必ず振り返りを行い、自己評価等をする仕組みがあります。ウェブ上で公開されている2020年度の評価結果（報告書や評価シートなど）について、試しに20校以上（小～高、地域はさまざま）を調べて読んでみましたが、休校中の子どもたちへのケアや家庭学習支援、また学校再開後のICT活用などについて、しっかり反省しているものは、残念ながら1校もありませんでした。

すべての学校が同じとは言いませんが、**かなりの数の学校が、過去を振り返り、反省**

し、学習する組織にはなっていないと予想します。これでは、白川村や熊本市のような優れた実践にはほど遠く、仮にまた感染爆発が起きて学校を長期間休校しないといけないとき、再び「プリント爆弾」などの対応に終始する学校も多くなるかもしれません。

日本社会全体が踏ん張らないといけない土俵際にあるいま、この1年の大きな問題を「もう終わったこと、済んだこと」にしようとしている人もいる。相変わらず、子どもたち本位で考えられない教育活動や政策が行われている。その危機感こそが執筆の動機です。

「愚者は経験に学び、賢者は歴史に学ぶ」

これはドイツ（プロイセン）の鉄血宰相と呼ばれたビスマルクの言葉だと言われています。実は原文を直訳すると、「愚者だけが自分の経験から学ぶと信じている。私はむしろ、最初から自分の誤りを避けるため、他人の経験から学ぶのを好む」という意味だそうです。[5]

自分の狭い経験のみから考えるのではなく、先人の経験や失敗から学ぶという姿勢は、いまの子どもたちも、そして私たち大人も、大事にすべきものだと感じます。

5　本村凌二（2016）『教養としての「世界史」の読み方』PHP研究所

読者のなかには、「失敗」と呼ぶ（あるいは呼ばれる）ことに抵抗感がある方もいると思います。本書では有効な手立てを打てなかったこと、子どもたちへの悪影響が生じてしまったことなどを「失敗」と捉えていますが、失敗はいまをよりよくするための最良の「教材」「テキスト」である、とも考えています。私の好きな本の一節にはこうあります。[6]

「我々が進化を遂げて成功するカギは、『失敗とどう向き合うか』にある」

本書の構成は以下の通りです。第1章では一斉休校中の学校の対応を振り返りつつ、子どもたちや保護者にどのような変化があったのか見ていきます。続く第2章では、学校再開後の動きに注目し、「子ども本位になっていない」現在の教育の在り方を問い直します。

第3章では、コロナ危機以前からの問題で、今回より可視化された日本の教育の「4つの問題点」について解説します。第4章ではそれらの問題を生み出している真因――「学校」「家庭」「社会」の分断などについて、詳しく述べます。

最後、第5章では、日本の教育の課題や背景をすべてひっくるめて「学習する学校」に変わるために何が必要なのかを、「3つの柱、7つの施策」からお伝えします。

教職員や教育行政職員（文科省、教育委員会）などの教育関係者はもちろん、「なぜ日本の学校の対応は遅いのか？　変わろうとしないのか？」と疑問をもつ保護者や一般の方にも読んでいただきたいと思っています。手に取っていただいたすべての方々が、どこかの学校や教師をバッシングして溜飲《りゅういん》を下げるのではなく、構造的な問題に目を向け、各々の立場から一歩踏み出して行動できるきっかけになれば、幸いです。

本書は、新型コロナウイルスに翻弄された**この1年あまりの日本の学校教育の失敗を振り返り、そこから得られる教訓はなんなのか、挽回《ばんかい》のための最重要課題はなにか、この短くも初めて直面した事態の「歴史」から学んでいくものです。**

6　マシュー・サイド著、有枝春訳（２０１６）『失敗の科学　失敗から学習する組織、学習できない組織』ディスカヴァー・トゥエンティワン

第1章 フリーズした学校

学校が止まっていたとき、子どもたちは？

第2章

子どもたち本位で考えられない学校

いまの教育は「学校都合」で動いていないか

第3章

コロナ禍で見えてきた「教育の大問題」

日本の学校の「4つの弱点」

第4章
なぜ、日本の学校は変われないのか
学校・家庭・社会の分断を生む「4つの深層」

第5章
学校・家庭・社会をつなぐ「学習する学校」へ
分断から対話へ、学校都合から子ども本位へ

第1章

フリーズした学校

学校が止まっていたとき、子どもたちは？

ちいさな学校の大きな挑戦　みんなに会えてうれしかった

がっこうににゅうがくしてすぐに、がっこうはおやすみになりました。「がっこうにいきたい」とおもいました。

せんせいがアイパッドをもっていえにきたときは、「はやくアイパッドをつかってべんきょうしたい」とおもいました。つぎのひから、ズームでのあさのかいがはじまりました。ドキドキしました。たのしみで、あさはやくおきました。

おとやえいぞうがガタガタになったり、すこしたいへんなときもあったりしたけれど、みんなとべんきょうしたり、おはなししたりすることができて、たのしかったです。

（ある1年生の作文）

オンライン授業では、誕生日のサプライズをしました。みんなの歌声は、少し遅れていたけど、おめでとうと伝えられたことや、うれしそうな顔を見られたことが楽しかったです。

また、わからない問題があっても、先生に聞きやすかったです。チャットで伝えたり、個別グループで教えてもらったりして、オンライン授業のよさも知ることができました。

画像が止まったり、声が途中で途切れてしまったりと、授業が受けにくくて、疲れがたまることもありました。そんな時は、クラスみんなで、気分転換のゲームをして、疲れが吹っ飛びました。直接は会えなかったけど、オンラインでみんなに会えてうれしかったです。

もし、また休業になっても、オンラインの授業ができるから、ちょっと安心です。

（ある6年生の作文）


この2つの作文は、「はじめに」でも紹介した岐阜県白川村立の義務教育学校、白川郷学園の児童のものです。[1] 白川村は合掌造りの集落で有名な観光地ですが、名古屋からも車やバスで約3時間かかる山奥です。

私は、全国各地の学校に研修講師やコンサルタントとして出かけていますが、白川村に

1　白川村教育委員会・白川郷学園（2020）『白川郷学園オンライン教育　100日の挑戦』。引用では読みやすさのため一部を省略したり、句点を加えたりしました。また、以降の白川郷学園での実践は、同書と同校の教職員へのインタビューをもとにしています。

も２０１９年に訪問しました。そこには映画『風の谷のナウシカ』のシーンを思い浮かべる絶景がありました。

冒頭の作文は、そんな白川郷学園が行ったオンラインでの朝の会や声かけ、授業に対する、児童からの作文です。白川郷学園は全国一斉休校の約2週間後、２０２０年3月16日の週から、Zoomを使った朝の会を始めています。全国的に見ても、もっともすばやい動きのひとつでした。

特定の子だけがこうした感想をもったわけではありません。児童生徒アンケートでも、「オンライン授業はたのしかったですか?」について、各学年1〜2名を除き、ほとんどの子がたのしかったと回答しています。「オンライン授業でよかったことはなんですか?（複数回答可）」については、83人（約73%）が「学校に行けなくても、学習できたこと」、75人（約66%）が「学校の友達の顔を見て話せたこと」、59人（約52%）が「友達と考えを出し合い、話し合えたこと」と答えています。

学校はペーパーテストで測定できる「学力」をつけ、教科書を先に進めさえすればよいというわけではありません。このアンケートの結果からは、「みんなに会えてうれしかった」という子どもたちの気持ちが伝わってきます。

ここで私はなにも、Zoomなどのウェブ会議システム、もっと広く言えばＩＣＴの活用を絶賛したいのではありません。それらはツールですし、結局は使い方次第です。とはいえ、白川郷学園でのオンラインの朝の会や声かけ、交流、授業などは、たいへん教育的に意義のあることだったことが、先ほどの作文からも読み取れます。

ＩＣＴ整備・利活用ビリからの逆転劇

もうひとつの興味深い例は、「はじめに」でも言及した熊本市です。熊本市では休校中の20年4月15日からすべての市立小中高、１３６校で双方向性のある交流（朝の会など）やオンライン授業を実施しました（佐藤明彦（２０２０）等を参照）。

実は、この裏には「痛快」とも言える逆転劇があります。２０１７年度の文科省調査の時点では、熊本市における教育用コンピュータ1台あたりの児童生徒数は12・３人と、政令市のなかでは下から２番目、市区町村別では１７８２位（１８１６市区町村中）で、ほとんどビリでした。これが２０２０年にはフロントランナーになったわけです。

わずか２年ほどで熊本市が大きく変貌したのには、理由《わけ》があります。教育長と市長の影響力はもちろん大きかったのですが、それだけではありません。ひとつは、**２０１６年の熊本地震のときに学校がなかなか再開できず、その際に子どもたちの学びを止めてしまっ**

たという強い反省があったからです。
その反省は今回のコロナ禍のなかで、具体的に次の活動につながりました。
・教育委員会は20年2月後半からオンライン授業の検討を開始。モデル校で実証し、オンラインでの授業が可能なことを確認した。
・家庭のパソコン・ネット環境（端末やネット回線の有無）を確認し（3月）、ないところには貸し出しを行った。
・ICTに不慣れで戸惑う教員のために、教育委員会は2020年4月の早い段階から研修を実施して、校内で広げる役割の人材を増やした。
・誰でもオンライン授業を始められるよう、市の教育センターがZoomの使い方講座やモデル授業例などの動画をいち早くYouTubeにアップした。
・教育長や教育センターは、「まずは健康観察カードのやりとりをするなど、できることから、スモールステップでよいから始めよう」と繰り返しメッセージを発信し続けた。
・休校中、子どもたちが利用しやすいLINEを活用した相談事業を行った。
熊本市の事例を語るうえで、興味深いエピソードがあります。教員が使う端末について、教育センターが原案をもってきたときの教育長の話です。

「どんな制限をかけようとしているのか、1から100まで全部見せるように指示した。すると『動画が視聴できない』『メールが送れない』『アプリが自由にインストールできない』など、多くの制限を掛けようとしていることが分かった。私はこれらの制限をすべて取り払い、教員向けの端末は市販のものと同じように使えて、フィルタリングも一切掛けないように指示した」

トラブルや不祥事が心配で、端末の機能制限をかけている自治体は多く、休校中はYouTubeすら見られないという学校がありました。先生や子どもがいいなと思ったアプリでも、わざわざ教育委員会の許可を得ないとインストールできないところはいまも多いようです。端末の家庭への持ち帰りを禁止している学校もあります。

しかし、制限ばかりかけては、ICTの利便性や効果を体感する前に、「こんな不便なものを無理して使わなくていいや」と、子どもも教職員も投げ出してしまいます。そうならないようにしたい、というのが熊本市の方針なのでしょう。この根底には、**子どもたちと教職員、学校への教育委員会からの信頼があります。**だからこそ熊本市では全校で取り組めたのだ、と私は思います。

「休校」はいったい、だれが決めるのか？

しかし、全国一斉休校に対してこのような積極的な施策を行った学校・教育行政は、残念ながらごくわずかでした。それどころか、この未曾有の事態のなか、さまざまなマイナス影響が子どもたちや教職員に予想され、そして危惧《きぐ》された通りの結果になってしまった、という学校も見られました。

そこで本章では、休校中の子どもたちの学びはどうだったか、あるいは子どもたちのメンタルケアは十分だったかという視点から、休校から現在まで続く、コロナ危機下の学校を振り返ります。

そもそも、休校（臨時休業）はだれが決めるのでしょうか？

学校保健安全法第十九条には「校長は、感染症にかかっており、かかっている疑いがあり、又はかかるおそれのある児童生徒等があるときは、政令で定めるところにより、出席を停止させることができる」とあり、第二十条には「学校の設置者は、感染症の予防上必要があるときは、臨時に、学校の全部又は一部の休業を行うことができる」とあります。

図1－1　国内の感染者数推移と主な教育関係の出来事

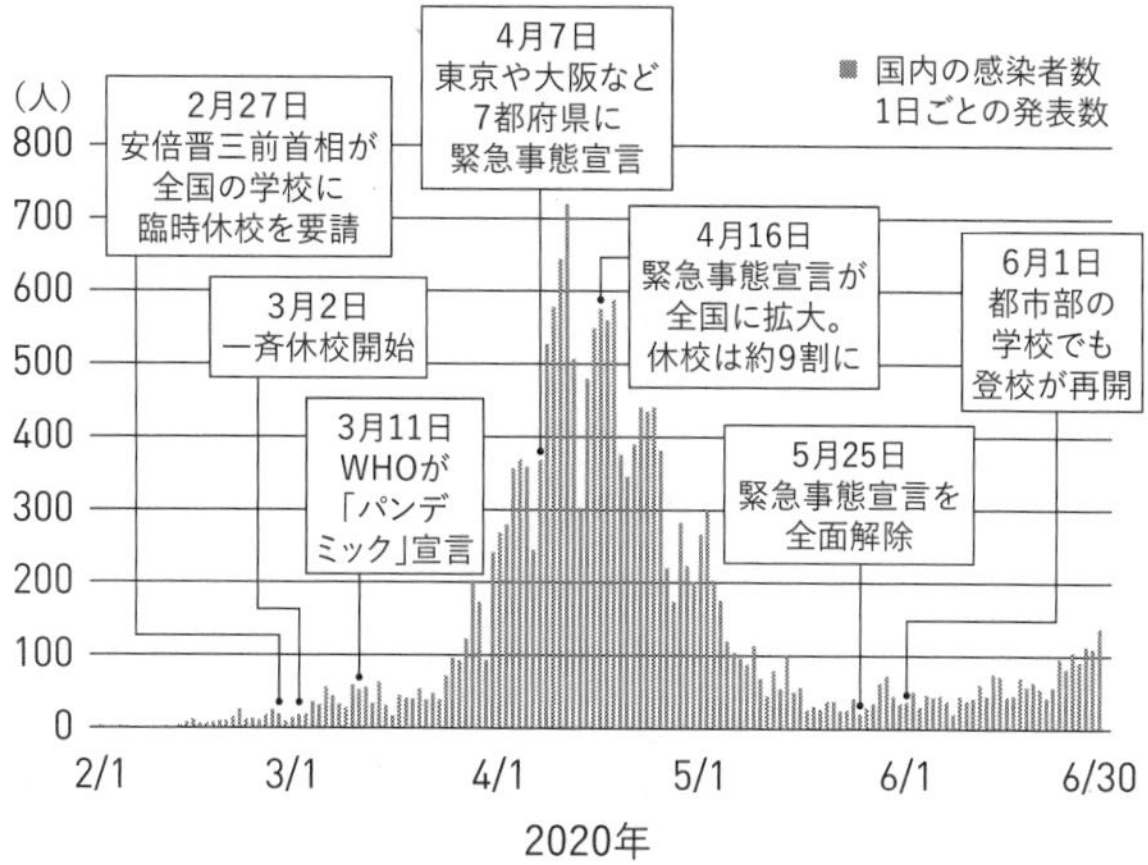

出所）NHK特設サイト新型コロナウイルス「日本国内の感染者数（NHKまとめ）」等をもとに作成

つまり、児童生徒に出席停止を指示するのは校長で、臨時休業については設置者が決めることになります。設置者というのは、たとえば、東京都千代田区立の小中学校であれば、千代田区教育委員会ですし、都立高校であれば、東京都教育委員会です。**首相にも文科省にもそれらの権限はありません。**つまり、3月の休校は法律上の根拠を有さないものだったのです[2]（ただし、3月の法改正により新型コロナウイルス感染症が新型インフルエン

2　榎本尚行「『緊急事態宣言』をめぐる経緯と課題—特措法に基づく新型コロナウイルス感染症対策を中心に」立法と調査2020.9（No.427）。なお、『新型コロナ対応・民間臨時調査会　調査・検証報告書』によると、経産省出身の今井尚哉首相補佐官の進言によるものであり、専門家や文科省の意見を聞くことなく、決定されたものでした。

ザ等対策特別措置法の適用対象となって以降は、都道府県知事は学校や社会福祉施設等の使用制限、停止等の要請が可能になりました)。

しかし、当時は、権限が自治体側にあるからといって、政府の要請をはねのけたところはごく少数でした。[3] 本当に休校にする必要性はあったのか、なぜ学校だけ狙いうちにしたのかなど、国と自治体の対応については批判的に検証されるべき部分は多いと思います。ですが、感染症に詳しい人材がいる自治体は限られていましたし、新型コロナについても未知のことが多くありましたから、各教育委員会が休校を決断したことには理解できる部分も多いです。[4]

卒業式や通知表よりも、はるかに大きな問題があった

少し話を戻すと、全国での一斉休校が決まった直後、校長や先生たちのあいだで卒業式や通知表をどうするかが話題になりました。時期的に致し方ない部分もあるかと思いますが、「はじめに」でも述べたとおり、深刻な問題とは言い難いことでした。

このような心配をするくらいなら、もっと児童生徒の目線に沿った心配をするべきではなかったでしょうか。そのことは、一部の識者からは早い段階から指摘されていました。

たとえば、元高校教師の経歴を持つ浦崎太郎教授(大正大学)は、当時のブログにこう

綴っています（強調は引用者）。[5]

> 今回、この措置に伴う従来にない特徴として、これまで学校に囲い込まれていた高校生が地域に解放される点を指摘できます。これは**高校生の「学習に対する自立性」や「地域に対する当事者性」が試される**ことを意味します。
>
> これまで地域と関わりながら【主体性・協働性・探究性】を発揮してきた高校生は、この事態に遭遇して、必ずや【主体性・協働性・探究性】を発揮するに相違ありません。（中略）
>
> 逆に、このような高校生が育っていない（＝高校が怠《おこた》ってきた）地域では、高校生は自身を勉学からも解放し、人が集まる処に出かけてウイルスの蔓延《まんえん》を加速させてしまうか、自宅に閉じこもってゲームに明け暮れるかしてしまうでしょう。加えて、も

3　小中高の約99％は政府の要請にほぼ沿うかたちで休校になりましたが、島根県立の高校と特別支援学校の全47校、埼玉県立の特別支援学校全36校、栃木県大田原市、島根県松江市、沖縄県石垣市など20市町村立の小中学校３１６校は休校にせず、継続しました（文部科学省調査、令和2年3月4日（水）8時時点・暫定集計）。

4　なお、設置者である各教育委員会が休校を決めると言っても、しかるべき手続きを踏んで決定したのか、具体的には教育委員が集まる会議を開いて審議したのかなど、手続きの問題としても検証されるべきことは多いことを申し添えておきます。

5　浦崎太郎「臨時休校で高校や高校生に問われること」２０２０年2月28日

とより地域には無関心（∵裏を返せば地域が高校生に無関心）であるがゆえに、目前に顕在化した社会の機能低下も無関心。破綻《はたん》が至る所で進行してしまいます。結果、地域の活力は低下し、結果的には「雨降って崖《がけ》崩れる」の様相を示すでしょう。

浦崎教授は高校生について書いていますが、これと同じような話は、小学生や中学生にも言えることでした。予想外の自由時間が生まれたことで、自ら進んで学習できる子、自分の興味のあることを探究していける子、あるいは家庭等の適切な支援を得られた子は、どんどん学びを進め、深めることができたかもしれませんが、そうはいかない児童生徒や家庭も相当多くありました。浦崎教授の記事と同じ日に、私もこう書きました。[6]

学校という場がなくなることで、子どもたちが自分の考えやアイデアをアウトプットする機会が激減する。人間、アウトプットする場があるから、考えが深まったり、インプットもしよう、学ぼうということになったりすることは多い。こうした影響を、教育者なら、重くみるべきではないだろうか。

さて、全国的にも、多くの学校では、学校目標に「主体性」、「自ら進んで〇〇する子」、「自立（自律）」といった美しい言葉が並んでいる。それはそれで結構なのだが、

今回の急な休校で、そうした目標がいかに上辺だけだったか、薄っぺらいものしかできていなかったかが露呈することになるかもしれない。学校だけの責任ではないけれど。

浦崎さんや私の心配が的を射たものだったのか、それとも杞憂《きゆう》だったのか。それは、ほどなくして明らかになります。

約半数の小中学生は、イヤイヤ宿題をしていた

「パパ〜、ちょっと、この答え、教えて〜」

2020年5月、自宅である原稿を書こうかというとき、小6の次女が向かってきました。休校期間中、習っていない新しい教科書を見ながら、問題に答えていく、学校の宿題です。

「けんぽうってなに?」

6 妹尾昌俊「【全国休校】通知表など、たいした話ではない。教師、保護者、政府にはもっと向き合うべきことがある。」Yahoo!ニュース2020年2月28日

図1−2　休校中、子どもは課題・宿題にどのように取り組んだか（国語・算数・数学）

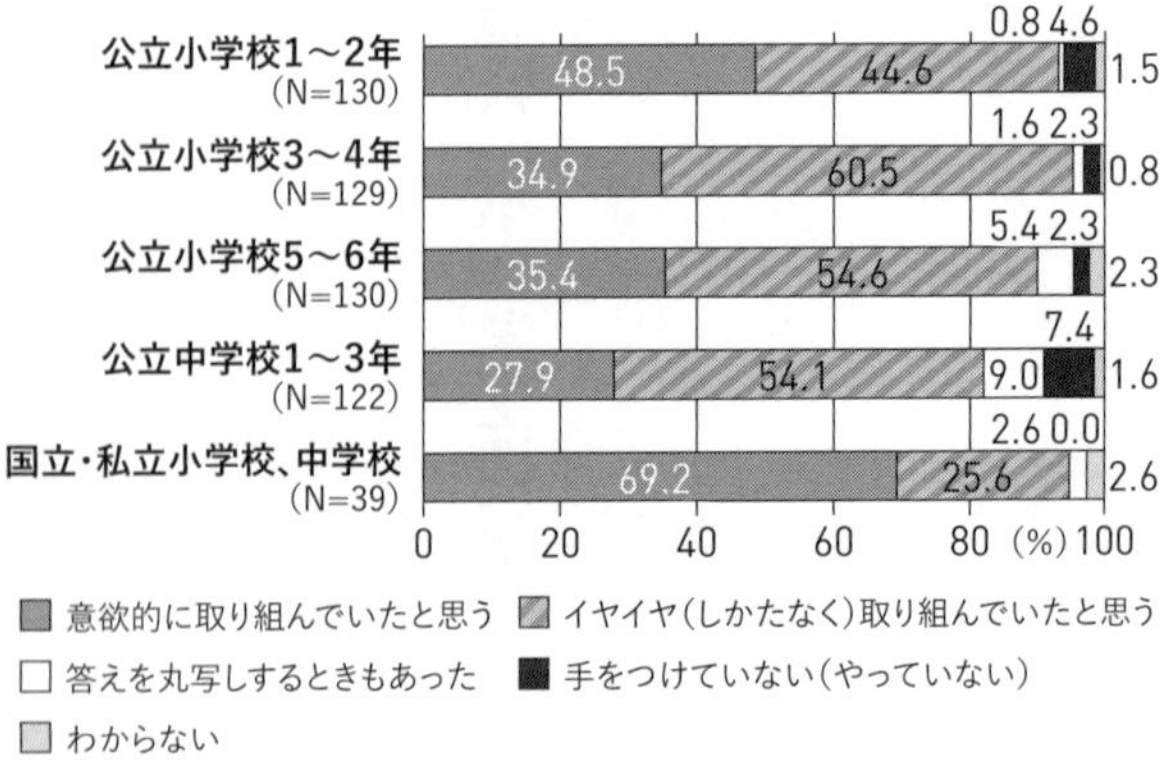

出所）妹尾昌俊「休校中の家庭学習について、保護者向けアンケート調査」

ん〜、なんとも本質的な問いで、すぐに答えるのは大人でも難しい。学校の先生は、毎日こういう子どもたちの疑問や学習に寄り添っているのだから、すごいなと思います。しかも、さまざまな特性や個性をもった子たちを1クラス35〜40人も抱えて。[7]

やはり餅《もち》は餅屋。なかなか、保護者が先生の代わりはつとまりません。

ところが、困ったのはうちの家だけではなかったようです。休校中の家庭学習について、保護者からの戸惑いの声が多く聞こえてきました。そこで、私は20年5月上旬、小学生〜中学生の子をもつ保護者向けにアンケート調査を実施しました。[8]

図1−2のグラフは、そのアンケート調査

のなかの「4月または5月の休校中に、お子さんは、学校からの課題・宿題にどのように取り組みましたか」という質問への回答結果です。教科によってもちがってくるでしょうが、国語、算数（数学）をイメージして回答してもらいました。

公立学校の小学生、中学生については、**「イヤイヤ（しかたなく）取り組んでいた」という回答が半分近くを占めました。**学年が上がるにつれて、「意欲的に取り組んでいた」は減少し（ただし小3・4と小5・6の間は大差なし）、「答えを丸写しするときもあった」は少し増えています。

この結果を見て安心してもいけないのかもしれませんが、「正直ちょっとほっとした」保護者もいると思います。うちの次男、次女（当時公立小3、小6）は「イヤイヤ」やっているほうでしたが、よその家庭でも似たり寄ったりだったのかもしれません。

図1－3は、休校中の課題・宿題に関連した、学校からの働きかけについてです。

7　日本の制度では、小1は1クラス最大35人学級で、小2～中3までは最大40人学級です。ただし、2021年度から段階的に小学校の他の学年も35人以下学級になることが決まりました。

8　対象は、小学生～中学生の子をもつ保護者。これに対して551件の回答がありました。ただし、SNSを通じて呼びかけたものなので、無作為抽出ではなく、回答者に一定のバイアスがかかっている可能性が高いです。たとえば、もともとこのテーマに問題意識の高い人が回答する傾向が強い可能性がありますから、ある程度割り引いてデータを見る必要はありますが、ひとつの目安、参考材料になると思います。

図1－3　休校中に、課題・宿題に関連して、学校（担任の先生ら）から何か働きかけはあったか（複数回答可）

	回答数	電話で子どもの様子や質問を聞いてくれた	家庭訪問で子どもの様子や質問を聞いてくれた	メールで質問等に答えてくれた	オンライン（Web会議など）で質問や悩みを聞いてくれた
公立小学校1～2年	130	42.3%	12.3%	0.8%	0.8%
公立小学校3～4年	129	32.6%	4.7%	0.8%	1.6%
公立小学校5～6年	130	29.2%	10.8%	0.0%	1.5%
公立中学校1～3年	123	32.5%	14.6%	2.4%	0.0%
国立・私立小学校、中学校	39	35.9%	0.0%	17.9%	23.1%

	回答数	関連する授業動画をYouTubeや学校のウェブページで配信してくれた	双方向性のある授業をオンラインで行ってくれた	登校日を設けて、質問等を聞いてくれた	上記、左記以外の支援があった	いずれも、とくにはなかった（課題を渡したあと、放置に近かった）
公立小学校1～2年	130	17.7%	0.8%	13.1%	4.6%	40.8%
公立小学校3～4年	129	14.7%	0.0%	10.9%	3.1%	51.2%
公立小学校5～6年	130	13.8%	1.5%	10.0%	3.8%	52.3%
公立中学校1～3年	123	16.3%	0.0%	11.4%	3.3%	50.4%
国立・私立小学校、中学校	39	48.7%	33.3%	7.7%	20.5%	7.7%

注）国立・私立学校は回答数が少なかったので、小中を合計している。
出所）妹尾昌俊「休校中の家庭学習について、保護者向けアンケート調査」

公立の小学校や中学校について見てみると、**「いずれも、とくにはなかった（課題を渡したあと、放置に近かった）」という回答が4～5割もあります。**「はじめに」でもお話しした「プリント爆弾」「プリントを渡して、あとはよろしく」系と言えるでしょう。

担任の先生らから支援があっても、電話という昔ながらのアナログな方法だったことも多かったようです（3～4割の公立小中）。ウェブ会議や双方向性のあるオンライン授業は、2％にも満たず、非常に低調でした。

ここで私は一律に「アナログが悪い」と申し上げたいのではありません（理由については後述します）。しかし、電話だけではやれることは非常に限られたことでしょう。

「元気にしていますか」といった確認はでき

ても、学習上たいしたフォローアップはできなかった学校が多かったようです。しかも、2〜3回線しかない学校も多いのに、40人クラスの全員に電話をしていたら、それだけで日が暮れるし、各学級でかけていたら取り合いになりますね。

先生からもう少し励ましがあったり（オンライン上でもいいし、ネット以外でもいい）、友達など他の子たちの様子もわかったりすれば、もう少しやる気になる子も多いのではないでしょうか。

約半数の保護者はついイライラしたり、怒りっぽくなったりした

図1−4は、保護者が休校中の家庭学習に関わって、よかったこと、よくなかったこと、負担などを聞いたものです。「子どもの様子が詳しくわかり、よかった」という声も多くありました。「子どもとの関係がよくなった」との意見も1〜2割あります。

一方で、**「ついイライラしたり、子どもに怒ったりするときもあった」との回答も、公立小の保護者では半数近くに上りました。**「保護者も時間が取られて、仕事や家事が進みづらかった」という負担感も高かったです。「『宿題はやったの？（終わったの？）』と度々聞くことがあった」は小中ともに4〜6割でした。

私も親として共感できますし、耳の痛い話です。在宅勤務で仕事も進めなきゃならな

図1−4　休校中の保護者の感触

休校中の家庭学習に関わって感じた、よかったこと（複数回答可）

	回答数	いっしょに勉強できて、楽しかった	子どもの様子が詳しくわかり、よかった	子どもとの関係がよくなった	左記のいずれも、とくには感じなかった
公立小学校1～2年	130	46.9%	67.7%	19.2%	20.0%
公立小学校3～4年	129	31.0%	50.4%	13.2%	37.2%
公立小学校5～6年	130	18.5%	46.9%	20.8%	40.8%
公立中学校1～3年	123	10.6%	30.9%	19.5%	52.8%
国立・私立小学校、中学校	39	15.4%	28.2%	20.5%	59.0%

休校中の家庭学習に関わって感じた、よくなかったこと、負担（複数回答可）

	回答数	保護者も時間が取られて、仕事や家事が進みづらかった	「宿題はやったの？（終わったの？）」と度々聞くことがあった	ついイライラしたり、子どもに怒ったりするときもあった	左記のいずれも、とくには感じなかった
公立小学校1～2年	130	53.8%	39.2%	46.9%	25.4%
公立小学校3～4年	129	62.0%	58.1%	51.9%	10.9%
公立小学校5～6年	130	38.5%	56.9%	46.2%	21.5%
公立中学校1～3年	123	29.3%	58.5%	35.0%	27.6%
国立・私立小学校、中学校	39	25.6%	46.2%	25.6%	41.0%

注）国立・私立学校は回答数が少なかったので、小中を合計している。

出所）妹尾昌俊「休校中の家庭学習について、保護者向けアンケート調査」

い、テンパっているときもある。一方で、小学生などにはそれなりに丁寧に説明しないと宿題は進まない、どうやったらいい説明ができるかわからない。そんな状態では、ついついイライラしてしまうものですよね。

とはいえ、子どもの側から見ると、**「宿題はやったか」としつこく言われ、ときには怒られる。これでは、やる気（意欲）だって下がった子も多かった**と予想できます。

もっとも、学校だけを責められる話でもありません。後述しますが、自治体が予算をケチってきた結果、学校のＩＣＴ環境は平成初期のままで、ほんとうに脆弱《ぜいじゃく》だったところも多かったわけですから。

しかし、子どもたちを勉強嫌いにさせたく

て宿題を出した先生はいないでしょう。休校中も少しでも勉強が進むように、あるいは学習習慣が抜けないようにという配慮から宿題を出したわけです。

ですが、結果的には家庭任せになってしまった部分が大きく、相当数の児童生徒、しかも、もともと勉強が苦手な子たちにとっては、保護者からガミガミ言われ、学習が進まなかった可能性が濃厚です。これでは、**なんのために宿題を出していたのか、わかったものではありません。**

保護者は先生の代わりにはなれない

ここまでの私の主張に対して、次のような反論もあると思います。実際に何人かの教員の方からいただいたものです。「家庭学習には保護者の役割、責任も大きいのに、学校だけ批判するのは間違っていないか」「保護者の不満、愚痴が出ているだけだ」と。

たしかに、保護者の責任は重大です。ですが、さまざまな家庭がありますから、すべての家庭に難易度の高いことを求めるわけにはいきません。それに、なにもやっていない保護者はごく少数であることが調査からも示唆されました。

図1－5は、4月または5月の休校中の学校からの課題・宿題について、保護者が行ったことについての回答結果です。

図1－5　休校中の宿題に関連して保護者が行ったこと

	回答数	丸付け、採点をする	近くにいて見守る	子どもがわからない箇所を教える（いっしょに調べたりすることを含む）	振り返り（よかった点、反省点など）やコメントを書く	音読や子どもの発表などを聞く	左記以外の支援	とくには何もしなかった
公立小学校1～2年	130	78.5%	82.3%	83.8%	33.8%	80.0%	23.8%	2.3%
公立小学校3～4年	129	81.4%	71.3%	80.6%	33.3%	79.8%	27.1%	6.2%
公立小学校5～6年	130	56.2%	58.5%	74.6%	19.2%	57.7%	30.8%	7.7%
公立中学校1～3年	123	13.0%	39.8%	50.4%	14.6%	12.2%	23.6%	30.1%
国立・私立小学校、中学校	39	25.6%	46.2%	46.2%	10.3%	23.1%	23.1%	28.2%

注）国立・私立学校は回答数が少なかったので、小中を合計している。

出所）妹尾昌俊「休校中の家庭学習について、保護者向けアンケート調査」

中学生は放っておいても大丈夫な場合もあるかもしれませんが、小学生の低学年ほど、いろいろな支援が必要となります。公立小1～4年の保護者について見ると、丸付け・採点をしたのは約8割、わからないところを教えたり調べたりしたのも約8割に上り、「とくには何もしなかった」保護者は数％しかいません。

保護者もできることはやっていましたが、「我が子に勉強を教えるのは簡単なことではないし、なかなか思うようには進まなかった。もう少し学校からの手助けがあったらどれだけ助かっただろうか」などの回答もありました。多数はそういう声だと受け止めたほうがよいと思います。

ちなみに、次の文章は、同じ休校期間中に

朝日新聞へ投書されたもので、小学校教員でもある、ある母親からのものです。[9]

小学4年の娘は自ら学習計画を立て順調だ。だが新1年生の息子の対応に困っている。教室でするように、ひらがなの書き順や字の形の整え方を教えているが、「なんできれいになぞらなくちゃいけないの」「テレビ見たい」「お菓子食べさせてくれたらやる」と口答えの嵐だ。
正しい姿勢や鉛筆の持ち方を教えても自分流を貫き、殴り書き。他の新1年生のお子さんをもつ家庭ではどうやって勉強を進めているのだろうか。私にはなかなか息子のやる気スイッチを見つけられない。

このひとつの事例だけで一般化するつもりはありませんが、学校の先生であっても、我が子の勉強をみるのはとても難しいことなのです。

9 朝日新聞2020年5月10日

家庭学習の細かな時間割まで指定

休校中、児童生徒も保護者も家庭学習で苦しいなか、火に油を注ぐかのような対応をする学校もありました。

ひとつは、宿題の量が増えた学校が多かったことです。私が保護者に調査したところ、公立小学校では、どの学年層でも、4月と比べて5月のほうが分量は増えている傾向があることがわかりました。小学1、2年生にとって1日2時間以上かかりそうな宿題があると答えた保護者も約1／4もいます。

これは「休校中に子どもたちの学びが止まっている」との世間からの批判を受けての対応だったのでしょうが、子どもたちと保護者の負担はさらに増えました。しかも、勉強嫌いな子やその教科が苦手な子にとっては、さらに苦行だったと思います。宿題を増やした意味はあったのでしょうか？

もうひとつは、**学校から家庭学習について細かな時間割が送られたきたケースです。**たとえば、「月曜の朝9：00～9：45は国語の教科書のここの音読をやって、おうちの人に聞いてもらいましょう」「10：00～10：45はNHKの番組のこれを見て、このプリントをしましょう」などです。
保護者のなかには、「こんなに計画的に勉強できる子ばっかりじゃない（勉強できるなら苦労しない）」「共働きの家庭や未就学児の面倒などもあって、勉強を（見たくても）見られない保護者もいるのに、学校は配慮がなさ過ぎる」といった声も上がりました。当然の反応だと思います。自己調整型学習[10]は、大学生や大人だって難しいものですし、だからといって保護者が子どもの勉強を見てあげて当然（見る時間・環境があって当然）、という態度はあまりに想像力に欠けます。

私の調査では公立小の場合、約3割の保護者が毎日の時間割が配布されることがあった、と回答しています（図1－6）。図は割愛しますが、公立中は約14％、国立・私立の小中は約39％でした（オンライン授業があるためかもしれません）。

おそらく多くの学校にとって、時間割は単なる例示であり「この通りに絶対やれ」というつもりはなかったのでしょう。ですが説明不足で、真面目な保護者ほどプレッシャーに感じたでしょうし、**「なんで学校は私の大変さをわかってくれていないんだろう」**と不信

10 学習過程に学習者自身が能動的に関わり、自己の認知活動や行動をコントロールしながら、効果的に学習目標を達成していこうとする学習スタイルのこと。

図1－6　休校中に学校から家庭学習の時間割が示されたかどうか

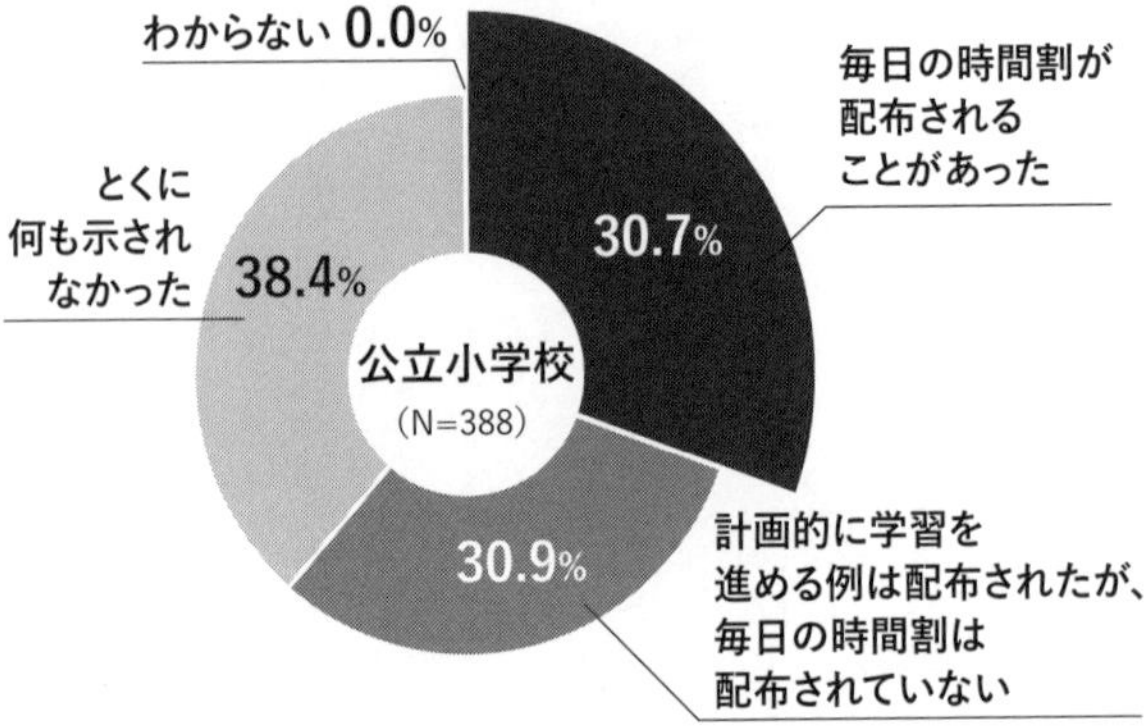

出所）妹尾昌俊「休校中の家庭学習について、保護者向けアンケート調査」

感を募《つの》らせることになりました。事実、保護者のなかには「この通りにできない」と自分自身を責めたり、その反動で子どもにキツくあたったりする例もあったと報告されています。

保護者はなにを求めていたのか？　学校との認識のズレ

では、保護者（＝児童生徒）は、学校と先生たちに何をしてもらいたかったのでしょうか。

図1－7は、保護者から見た支援ニーズです（複数回答可）。国公立、私立を問わず、**「オンラインでの交流、双方向性のある授業などで、子どもの様子を確認などしてほしい」が最も多く、約半数に上りました。**

図1−7　あなたのお子さんの学習にとって、もっと学校にはこうしてほしい、というニーズはありますか（複数回答可）

	回答数	電話または家庭訪問で、子どもの様子を確認などしてほしい	分散登校日などを設けて、子どもの様子を確認などしてほしい	教科書やプリントなどだけではわかりにくいので、授業動画をアップしてほしい	オンラインでの交流、双方向性のある授業などで、子どもの様子を確認などしてほしい	とくにしてほしいことはない
公立小学校1〜2年	130	13.8%	30.0%	26.9%	48.5%	23.8%
公立小学校3〜4年	129	20.9%	31.0%	27.9%	55.0%	27.9%
公立小学校5〜6年	130	15.4%	29.2%	27.7%	57.7%	21.5%
公立中学校1〜3年	123	22.0%	28.5%	30.9%	56.9%	17.1%
国立・私立小学校、中学校	39	10.3%	17.9%	12.8%	48.7%	33.3%

注）国立・私立学校は回答数が少なかったので、小中を合計している。
出所）妹尾昌俊「休校中の家庭学習について、保護者向けアンケート調査」

また、公立小中学校の約3割の保護者が「分散登校日などを設けて、子どもの様子を確認などしてほしい」と感じていました。地域の感染状況にもよる話ではありますが、短時間でも分散登校をするなど、「週1回でもいいから、子どもたち同士が交流したり、宿題の状況について、先生から励ましがあったりするとよかったのに」ということだと思います。

なお、「授業動画をアップしてほしい」も約3割に上りますが、双方向性のある授業や交流と比べると少なめです。動画をアップしても見ない子は見ないということを保護者はわかっているからかもしれません。

休校中にオンライン授業等を実施した公立小中学校は1割未満

もう少しデータで休校中の実態を把握しておきましょう。よく紹介されるのが、20年4月16日時点の文科省調査です。休校中の公立学校で、どのような家庭学習を行う方針なのか、都道府県、市区町村の教育委員会に聞いたところ、「同時双方向型のオンライン指導を通じた家庭学習」と答えた自治体は約5%しかありませんでした。

文科省は似た調査を6月にも実施していて、**休校中、オンラインでの双方向性のある学習ができた自治体は、小学校で約8%、中学校で約10%、高校で約47%でした**（図1-8）。ただし、これは回答した設置者（教育委員会）の割合であり、学校の割合ではありません。該当する学校が自治体内に1校でもある場合はイエスと答えている可能性がありますから、学校を単位に実際の実施率を測ると、もっと低い可能性が高いです。[11]

ベネッセが実施した調査によると、20年4月以降の休校中に双方向型のオンライン授業を実施した公立小学校は1・6%、公立中学校は3・3%、オンラインによる学級活動（朝の会など児童生徒同士の交流などと思われます）を実施した小学校は6・6%、中学校は7・3%でした（回答数は小学校450、中学校733）。[12]

20年4月上旬に私が教職員向けに実施したアンケートでも、オンライン授業やオンライ

図1−8　休校中の家庭学習について（設置者の割合、%）

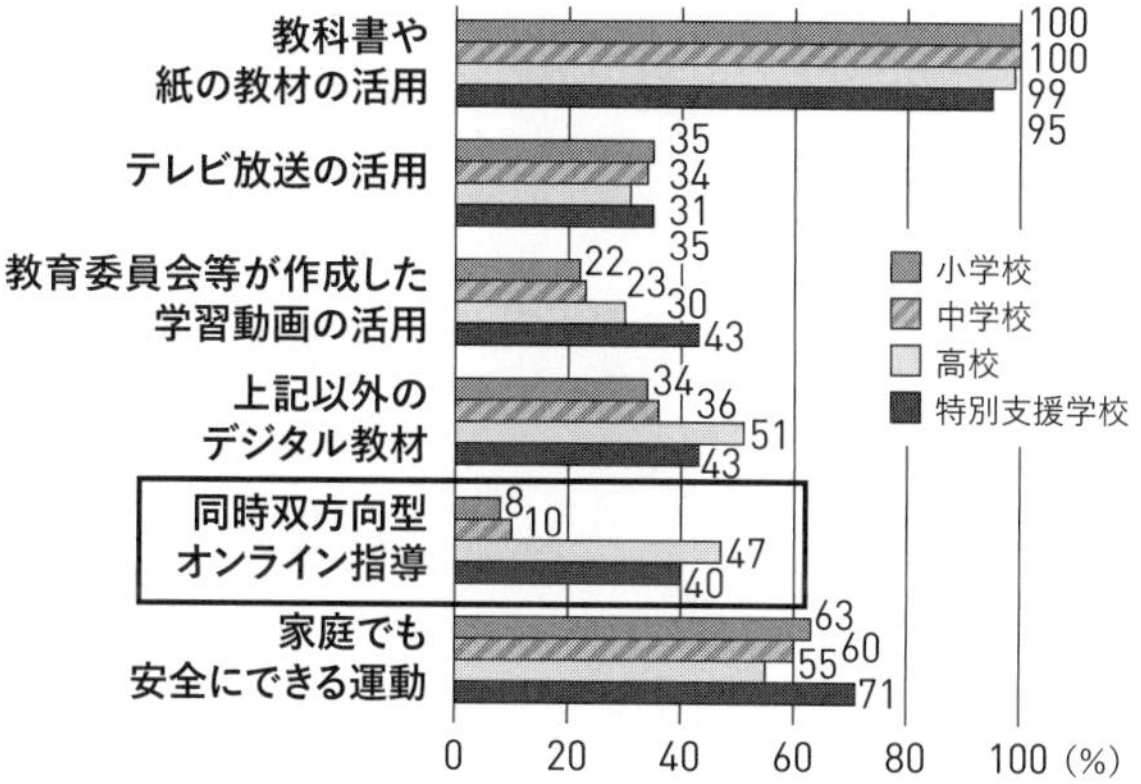

出所）文科省「新型コロナウイルス感染症の影響を踏まえた公立学校における学習指導等に関する状況について」（2020年6月23日時点）をもとに作成

ンでの交流（朝の会など）を実施した小中学校は5％にも満たず、高校でも1割に満たないことがわかっています（回答数は小学校895校、中学校408校、高校366校）[13]。

また、これらの調査からは、休校中の学習の大半は「教科書や紙の教材を活用した家庭学習」、つまりプリント学習やドリル類であったことがわかります。

なかには、できることから進めようとする自治体、学校もありました。たとえば、横浜

11　たとえば、都道府県立高校などでは、たくさんありますが、1校でもオンライン授業をやっていれば、実施していると回答しているかもしれません。

12　ベネッセ教育総合研究所「小中学校の学習指導に関する調査2020」

13　調査の概要については、妹尾昌俊「【独自調査（2）】休校になって教師は何をする？なぜオンライン交流を始めないのか？」Yahoo!ニュース2020年4月7日を参照してください。

市や柏市では、教育委員会が授業動画を制作して、配信しました。一方通行的な動画配信では、子どもたちが学習し続けられるかなど課題もありましたが（同期型と呼ばれるZoomなどでも、講義形式中心の場合は同様）、岐阜県の県立学校では、インターネット通信環境のない家庭にはDVDを貸し出すなどして、授業動画を見られるようにしました。[14]

一方で、動きが鈍い自治体も多かったというのが事実で、その結果が先ほどの文科省調査などにも現れています。

・自治体のセキュリティ上、インターネット利用を厳しく制限している。学校からはYouTubeすら視聴できない。
・学校のインターネット通信環境が悪く、大容量の動画配信や双方向性のあるオンライン会議システムは使えない。
・端末やネット環境がない家庭もある。
・そもそもICTを活用する意思やスキルが教育委員会の担当や教員に不足している。

背景、理由はさまざまありましたが、できない理由ばかり並べるのもいかがなものでしょうか。3月の急な一斉休校のときならまだしも、5月、6月と2～3カ月経過しても、相変わらずプリント学習主体で、たまにNHK等の動画を見ておいてねという程度のフォローでは、進んで勉強できる子でなければ、相当キツかったのではないかと思います。

私立は最初から進んでいたわけではなかったが、徐々に対応

では、私立学校ではICT活用は進んでいたのでしょうか。

LINEリサーチが高校生に調査した結果（4月15日時点）によると、「オンライン授業」をしているとの回答は、私立でも26％でした（図1－9）。[15] たしかに国公立よりも私立のほうが割合は高いですが、この時点では必ずしも大半の私立学校で進んでいたというわけではなかったようです。

一方、首都圏模試センターが20年6月中旬に首都圏の私立中学校・高校を対象に実施したアンケート調査によると、授業やホームルームへのオンライン活用を開始した時期として、3月中は17・9％、4月中が51・8％、5月中が28・6％で、行っていないところは

14 岐阜新聞2020年4月16日
15 オンライン授業といっても、双方向性のある授業をウェブで行っている場合もあれば、YouTubeなどに動画をアップして好きなときに視聴してもらうもの（非同期）もあり、さまざまですが、この調査で何を指しているかは不明です。

図1−9　《学校区分別》休校中の高校からの学習サポート

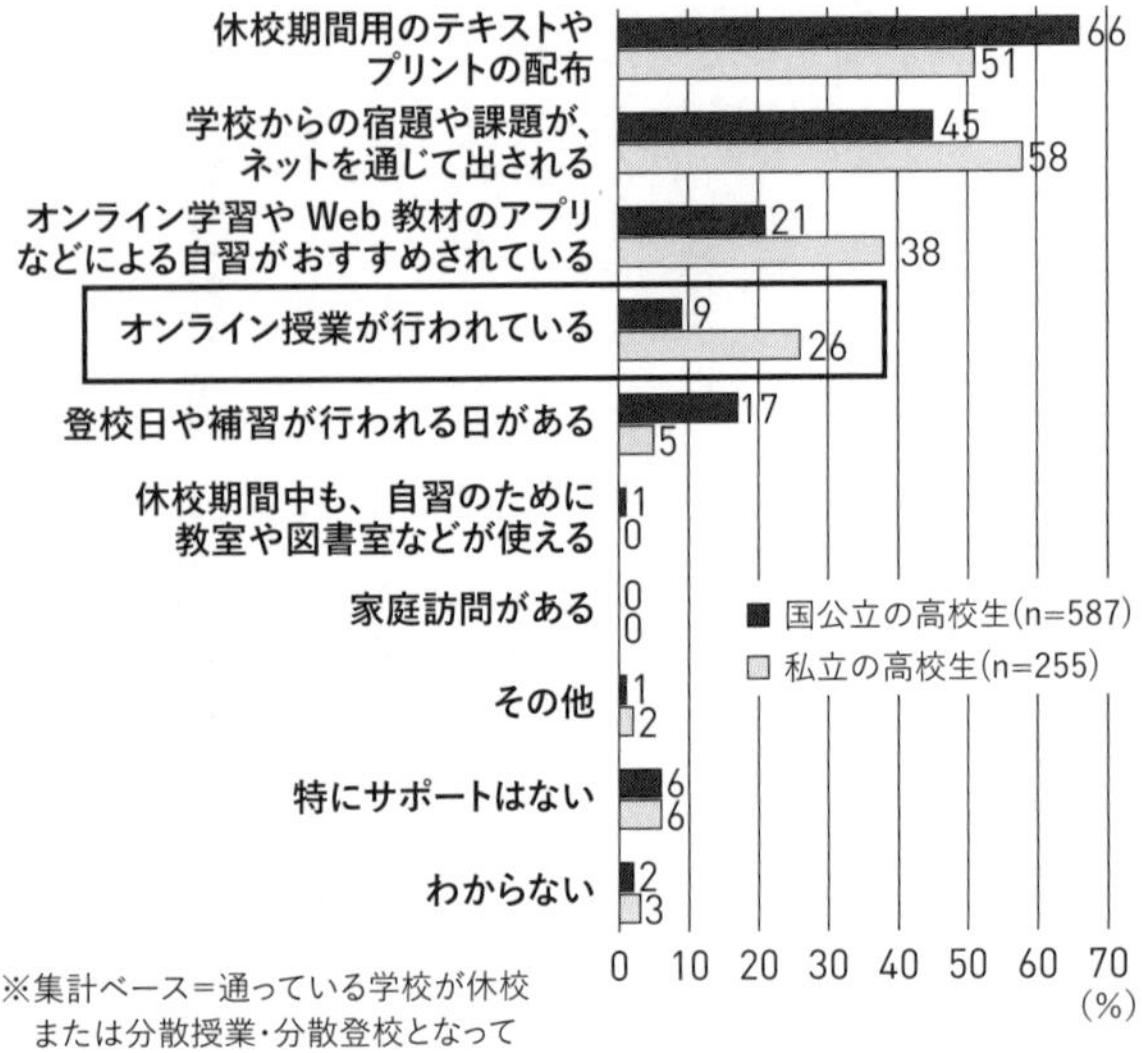

※集計ベース＝通っている学校が休校または分散授業・分散登校となっている高校生、複数回答あり

出所）リサーチノート「9割休校、オンライン授業は1割強。新型コロナと高校生のいま」2020年4月27日

ゼロでした（回答数112）。[16]

限られた地域、学校の回答なので、全国的な状況まではわかりませんが、ほとんどの私立学校の場合、高い授業料を払ってもらいながら、オンラインでの授業をやらないという選択はできなかったのでしょう。

公立離れが進む

動きの鈍い公立に見切りを付けたのか、「もう公立学校には期待しない」という保護者、児童生徒も増えてきたかもしれません。2つの側面でそれは示唆されます。

ひとつは、不十分だった学校の対応を学習塾やオンライン講座などで補った家庭がかなりあったことです。20年7月下旬に実施された、小学校高学年〜中学生の保護者向けのアンケート調査によると、学習塾の85％は4月までにオンライン授業を導入していました。[17] 別の調査（全国学習塾協会）でも20年4月中旬時点で53・9％の学習塾がオンライン授業を導入済で21・1％が導入予定と回答していますから、おおむね似た結果です。

緊急事態宣言発令下における対応の満足度を保護者に尋ねた質問では、**学校の方がよいと答えた人が12・0％だったのに対して、学習塾の方がよいという回答は88・0％に上りました。**

もちろん、学校と塾では機能、役割がちがいますし、対象としている子どもたち（家庭環境など）も異なりますから、一概に比べることはフェアではありません。とはいえ、休校中に多くの学校が主体的に動けなかったのに対して、学習塾の多くは対照的でした。

16　首都圏模試センターウェブページ「3月〜6月の『私立中のオンライン活用（授業やHRなどの学校活動）状況』についてのアンケート調査結果を公開！」

17　Comiruによる調査。あとの満足度調査も同様。https://prtimes.jp/main/html/rd/p/000000007.000028977.html

もうひとつは、中学校や高校で私立に流れる動きです。大手進学塾「日能研」によると、2021年の私立中学校の受験者数は、1都3県で6万人を超える見通しで、7年連続で増加傾向にあります。オンライン授業などで素早く緊急時の対応をとることができた学校の人気が高まっていると分析されています。[18]伝統的に公立が強いと言われてきた愛知県でも、2020年度中学校卒業見込みの生徒の希望（9月時点）として、私立高校は13・1％増に対して、県立高校は6・8％減です（県内の全日制高校について）。

もちろん、高校進学にはさまざまな要素が絡みます。私立高校でも国の支援により授業料が実質無償化された影響も大きいでしょう（所得制限あり）。コロナ禍での公立学校のパフォーマンスの悪さが直接に影響していると断定することはできません。とはいえ、このままでは私立人気は年々強まっていくかもしれません。

読者のみなさんは「炭鉱のカナリア」という言葉をご存じでしょうか。昔、欧米の炭鉱員はカナリアを入れた籠を先頭にして炭鉱に進みました。もし炭鉱内に人間が感知できない有毒ガスが蔓延している場合、カナリアの歌声は止まり、そのことで危険を察知できるからです。英国では1911年に使われ始め、なんと1987年頃まで続いたそうです。[19]

私立志向が強まるのは、「このままでは公立学校は見限られるぞ」という炭鉱のカナリアであると私は思います。

オンライン授業絶賛も疑問

「プリント渡してあとはよろしく」もお粗末ですが、かといって、ＩＣＴを活用した学習がバラ色かと言われれば、そうではありません。[20]

Google の教育支援サービスや Zoom、Microsoft Teams などを使って授業をしていると、いかにも先端に見えるかもしれませんし、見映えはいいでしょうが、いわゆるオンライン授業にも限界はあります。ここではその注意点を、４つに整理してお話しします。[21]

第一に、**通常時の授業のように、大量の内容を長時間にわたって教えるのは難しいという点**です。自宅というプライベートな空間は、教室のように半ば強制的に学習する場にな

18　ＦＮＮプライムオンライン２０２１年2月1日、神奈川新聞２０２１年2月1日

19　BBC ON THIS DAY　http://news.bbc.co.uk/onthisday/hi/dates/stories/december/30/newsid_2547000/2547587.stm

20　ひとくちに「オンライン授業」と言っても、ウェブ会議システムなどを活用した双方向性のある同期型と、動画配信などの非同期型がありますが、本書ではこれらを合わせて「オンライン授業」と呼ぶことにします。ただし、他の調査を引用する場合は、その調査で定義したオンライン授業を指します。

21　国際大学グローバル・コミュニケーション・センターの豊福晋平准教授の記事「＃４　オンラインに何を求めるのか」なども参考にしました。https://gakko.site/wp/archives/1852

っているわけではありません。動画視聴、もしくはウェブ会議への参加は、子どもたちの注意力が必要で、長時間はもたない子もいます。大人だってウェブ会議が続くと疲れるという人はたくさんいますよね。

また、10人くらいならまだしも、通常は最大40人ひとクラスなので、画面の向こうで生徒がサボっていても、教師にはわかりづらいです（画面オフとする場合もあります）。大人でも、ウェブ会議の途中で別の仕事（内職）をしたり、画面に映らないズボンはパジャマのままなんてこともあったりします。また、双方向性のない動画配信の場合、ちゃんと最後まで見てくれたかどうかなども教師は確認しづらいです。

第二に、**本当に子どもたちの興味・関心、知的好奇心等を高める授業内容になっているかという点**です。要するに、子どもたちにとって退屈な内容になっていないか、授業の質の問題です。これは、動画をアップして後で見てもらう、非同期の場合に、より問題となります。多くの先生たちは、授業動画の制作・編集は素人ですし、技術的にも時間的にも、それほど作り込めるわけではありません。

民間などで制作した既存の動画、教材もたくさんあるので、果たして、各教師のオリジナル動画が優位性をもつのかどうかは疑問です。知っている先生が教えてくれるほうが興味をもてる子もいるでしょうし、その点では個々の教師が優位ではあるのですが、退屈な授業の場合、「別の動画や参考書で自習したほうがいいや」と思う生徒もいることでしょう。

また、双方向性のあるライブ配信の授業で、児童生徒間の発言や掛け合いなどもあって、見かけ上はうまい授業のように見えても、内容はたいして深まっていないケースもあります。いわゆる「活動あって学びなし」などと揶揄《やゆ》される、対面での授業で言われていたことは、ウェブ上でも十分に起こりえます。

メディアがこぞって褒める実践内容でも、素人には、授業の質や深い学びになっているかどうかはなかなかわからないので、注意が必要です。

オンライン授業は「高学力層」だけにしか効果がない？

図1－10のデータは、大学生・大学院生についてのものですが、オンライン授業を受講した学生と受講していない学生との間で、学習意欲や学習時間に差があるかを聞いたものです。[22] オンライン授業を受講しても、していなくても、学習意欲が高まった人もいれば、低下した人もいます。学習時間についても、増えた層も減った層もいます。オンライン授

22　インターネットパネルに登録しているモニター向けの調査で、大学生・大学院生は700人。

図1−10　オンライン授業と学習意欲・学習時間の変化
（大学生・大学院生）

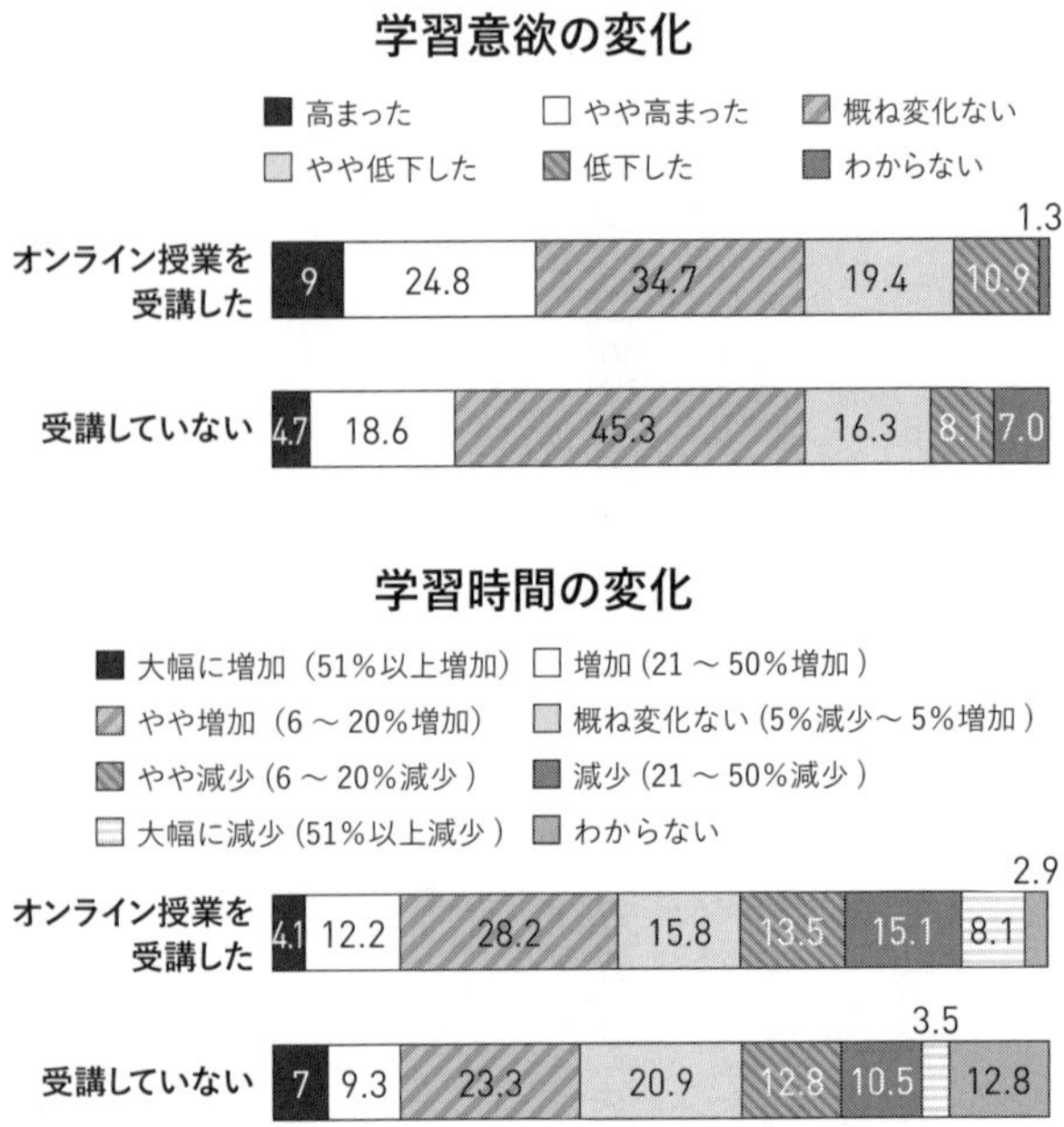

※質問内容は、「感染症拡大を契機として、学習意欲（前向きに学習に取り組もうと言う気持ち）は変化しましたか。」と「昨年 12 月（感染症拡大前）に比べて、学習時間（自習、授業、研究等の合計時間）はどのように変化しましたか。」

出所）内閣府「第2回新型コロナウイルス感染症の影響下における生活意識・行動の変化に関する調査」

業を受けたからといって、一概に学習意欲は維持・向上したとは言い切れないようです。[23]

また、スイスの大学でランダム化比較試験（ランダムに対象者を振り分けて効果検証する方法）を行い、動画配信授業の効果を測定した研究があります。[24] その結果、**高学力層は成績を上げる一方で、低学力層は成績を下げることがわかりました。** もちろん、日本の小中高生についても同じかどうかはわかりませんが、参考になる情報かと思います。

第三に、**学校、教師側に相当の負担がかかってしまう問題です。** たとえば、川崎北高校の柴田功校長が、授業動画の配信方法について解説した YouTube 動画が、休校当時よくシェアされましたが、編集はしない、1回撮り（テイクワン）で済ませるなど、なるべく教員側の負担が重くならないようにしないと、持続可能なものになりづらいということでした。

23　学習意欲や学習時間には、オンライン授業を受けたかどうか以外の要因が回答に影響している可能性もあります。たとえば、もともと勉強が好きな学生であれば、学習時間は増加する傾向にあるでしょう。また、コロナ禍で他の学生との交流が減ったことは、学習意欲の低下に影響した可能性もあるでしょう。

24　Cacault, M. Paula, Christian Hildebrand, Jeremy Laurent-Lucchetti, and Michele Pellizzari (2019) Distance Learning in Higher Education: Evidence from a Randomized Experiment, IZA Discussion Papers No. 12298

第四に、二点目とも一部重なりますが、**知識伝達型（知識注入型）の授業内容に偏《かたよ》っているのではないか、という点です。**ただこれは、オンライン授業にかぎった問題ではありません。通常の対面での授業であってもその可能性はありますし、プリント学習などにも言えることです。

私は、各学校では、既存の民間等のサービスを活用したり、学校や自治体を超えた広域な連携を進めるなどして「自前にこだわりすぎない」かたちで、動画コンテンツや教材を準備するべきだったと考えます。そして、その結果生まれた時間や知恵を、子どもたちが熱中できるような、わくわくするテーマ、課題を考えていくことや、児童生徒の学びへ助言・フィードバックすることに使ってはいかがでしょうか。高校生らの一部なら、自分で課題設定できる子もいるでしょうが、そうでなければ、教師からの働きかけや助言は有用でしょう。

要するに、**プリント学習主体で家庭任せにしているのも問題でしたが、オンラインで授業しているからといって、それだけで安心もできません。**いずれも、学習者本位になっているか、子どもたちにとって本当に学びが深まっているかどうかが問われています。

アナログでももっと何かできなかったのか？

休校中、学校がオンラインでのやりとりやウェブ会議システムを使えばできたことはたくさんありましたが、アナログでもできることも多くありました。

たとえば、ある公立小学校では「運動ビンゴ」というプリントを配りました。あやとび20回、二重とび5回、V字腹筋10秒、ひざつき腕立て15回など、各ミッションをクリアすると、ビンゴのマスが埋まっていく仕掛けです。ビンゴを目指してがんばる小学生も多かったことでしょう。

また、ある公立中学校は、地域に感染者がいなかったこともあり、4月に家庭訪問を実施しました。玄関の外でソーシャル・ディスタンスを取ったうえで、生徒の様子を確認し、困っていることはないか聞き取る機会を設けたのです。

校長は「コロナを理由にやらないと決めることは簡単だし、そのほうがラクだった。だが、それではいけないと思って、感染防止に注意しながら、生徒と話す機会をもつことにした」と話しています。

こうした例のように、ちょっとした働きかけや子どもたちを元気づける工夫は、先生方の役割として、とても重要だったと思います。ですが、1回電話をしたくらいという例も多かったことが私の調査でもわかっています。

つながって、「こころの温度」を上げていく

石井英真准教授（京都大学）は休校中の5月初めに「いま学校にできることについて―遠距離恋愛のごとく子どもを想うことから―」というメッセージをウェブ上で発表しました。ぜひ全文をご覧いただきたいですが、一部を引用します。

> 今、学校の取り組みとして一番大事なことは、副題のフレーズでまとめられるでしょう。遠距離恋愛のごとく子どもを想うことから始め、心を通わせるために手を尽くす。それで子どもも保護者も教師も「こころの温度」を上げていく。
>
> プリントだけ渡されて音沙汰がなく、保護者からは学校現場の苦労も見えず、不信感だけが募るという状況は一刻も早くなんとかしないといけないと思います。学校、特に公立学校への信頼がもとに戻せなくなるのではと心配しています。
>
> 公立学校の強みを本当に生かす上でも、それぞれの学校レベルでむしろアナログに、それぞれの子どもや家庭に丁寧に「安心」を届ける取り組みが大事なのではないでしょうか。たとえば、文通のようなやり取りから始めたり、「あのね帳」的に子どもたちの日記や作文を集めて文集にして、学級通信の紙の上での交流を重ねたりす

る。通信添削のように、ドリル的な課題も添削して花丸や一言コメントをつけて返したり、数問程度、考える過程を表現する問題に取り組むように促して、その考え方をプリントにまとめて紹介したりする。オンラインでなくても、リアルタイムでなくても、まずは紙の上で、教師と子ども、子どもと子どものつながりも作っていけるのではないかと思います。

遠距離恋愛のときの文通みたいに、と言われても、スマホ（スマートフォン）世代の方にはピンとこないかもしれませんが、うまい喩《たと》えだと思います。オンラインだと、たとえば、ロイロノートやGoogleのClassroomなどを使って、効率的にコメントを返したり、花丸を付けたりできますから、ＩＣＴの活用は有効です。

ですが、それらはＩＣＴがないとできないわけではありません。アナログ、オフラインでもできることはたくさんありますし、コロナ前までの日本の学校教育では丁寧なコメント返しなどの実践を大事にしてきたはずなのに、今回はどうして多くの学校でストップしてしまったのでしょうか。

石井准教授が挙げている例のほかには、芸術活動などはアナログのほうが向いていると思います。一例として、新型コロナの影響で、自分にとって「大切なもの」について、再考した人も多いのではないでしょうか。絵でも粘土でも彫刻でも、あるいは映像などでもいい、そうしたテーマで、生徒と先生の作品展をやってみたりすること（来場は分散して）などは考えられたと思います。

子どもたちの7割以上がストレス反応

休校中に保護者が心配だったことは、学習面だけではありません。子どもたちの心や家族関係の問題も挙げられます。勉強の多少の遅れはあとから取り戻すことができますが、メンタルや人間関係の問題はのちのちまで響きます。

休校中、家庭学習で保護者の負担が高まり、親子関係が悪くなった例も少なくなかったことは、学校としても、社会としてもしっかり反省する必要があると思います。

実際、休校中の子どもたちはどんな様子だったのでしょうか。

国立成育医療研究センターが２０２０年４月下旬から5月末にかけて実施したアンケート調査によると、小学生の約６割、中学生の約45％が、「コロナがとてもこわい」と回答しています。「友だちと会えないのがいやだ」という声も小中学生、高校生の６割を超えます。

また、回答した**小中学生、高校生の約75%に、何らかのストレス反応・症状がみられました。**小1~3の約半数は「コロナのことを考えるといやな気持ちになる」と回答していますし、同じ学年の約18%は「だれかと一緒にいても、自分はひとりぼっちだと感じる」と述べています。「自分の体を傷つけたり、家族やペットに暴力をふるうことがある」という子も小学生で1割以上に上ります。「すぐイライラする」も1/4以上の子たちがそう答えています。

同センターが6月中旬から7月下旬にかけて実施した2回目の調査でも、**72%の子どもたちに、何らかのストレス反応・症状がみられました。**小学生では「コロナのことを考えると嫌な気持ちになる」という声が多く、中高生では「最近、集中できない」が多いです。

別の気になるデータもあります。子どもたちの変化を学校で一番敏感に把握しているのは、養護教諭（保健室の先生）かもしれません。

戸部秀之教授（埼玉大学）が養護教諭向けに20年7~9月に実施した調査によると、約42・7%が「学校再開後、不登校、保健室登校、登校しぶりなど、学校生活に適応できない児童生徒が増加した」と回答しました。さらに、**養護教諭の約46・3%が「学校再開**

後、「ストレスなど不安定な精神状態を示す児童生徒が増加した」と述べています。この2つのいずれかを挙げた割合は60・7％に上りました[25]。この傾向は、小中高と校種別に大差はありませんでした。

ステイホームがつらい子は置き去り

緊急事態宣言の下の20年3月～5月頃、多くの自治体では、学校のみならず、公立図書館や児童館なども軒並みクローズしました。たしかにそれが一番感染リスクを下げられる方策だったかもしれませんが、**ステイホーム（自宅）はつらい、安心して過ごせる環境ではない子どもたちは、どうだったのでしょうか？**

小学校ではエッセンシャル・ワーカーらの子を預かり、自習などができるようにした例も多く見られました。これはいい動きだったと思いますが、学校に来れなかった子、来なかった子は置き去りになっていたのかもしれません。

しかも、公園など屋外で子どもが遊ぶことにも白い目を向ける人もいましたし、遊具には使用禁止のテープが貼られたりしました。大人の私たちが、子どもたちの居場所をどんどん奪ってしまいました。

厚生労働省の速報値によると、２０２０年の児童虐待相談対応件数（全国）は、前年同

図1−11　緊急事態宣言下の公園の様子

出所）筆者撮影

月と比較して、1月は＋21％、2月は＋11％、3月は＋18％、4月は＋9％、5月は▲1％、6月は＋12％、7月は▲4％、8月は±0％、9月は＋7％、10月は±0％、11月は▲5％でした。コロナの影響で虐待件数が増えているとは言えませんが、休校中の4月、5月は月に約1万4000件が報告されています。

ただし、これは児童相談所が「対応」した件数であり、実際に虐待が「発生」した件数ではありません。むしろ、**休校や外出自粛により学校や地域からの情報提供が減り、虐待が見えなくなった（潜在化した）**結果ではないか、との見方もあり

25　戸部秀之「新型コロナ感染症に伴う臨時休業における児童生徒の健康課題等に関する調査（養護教諭対象）　第2回調査　集計報告」2020年10月28日。回答総数は996件。

ます。[26]

NPO等が電話やLINEなどで相談を受ける取り組みは多く行われましたが、そういう窓口を知らない子や見ず知らずの大人には相談しにくい子もたくさんいたことでしょう。それに、相談はできたとしても、つらい子どもが逃げこむ先にはなりません。児童相談所もコロナ前からパンク状態が続いている地域も多くありましたから、児相だけに頼るのも危険でした。

コロナ危機で、学校が果たしてきた、子どもたちの安全を確保する機能の重大さに改めて気づかされたのではないでしょうか。

つらかったのは小中学生だけでもありませんでした。休校中の20年5月の高校生（首都圏）への調査によると、「教員とコミュニケーションができている」と答えたのは、公立高校生の31％、私立高校生の44％に過ぎませんでした。[27]「元気がないときに励ましてくれる人がいなかった」と答えた高校生は全体の21％、「悩みや不満を聞いてくれる人がいなかった」と答えた高校生も21％、「雑談して笑い合える人がいなかった」と答えた高校生は19％でした。

ステイホームが心配な子（小～高、特別支援学校等）がいることは、もちろん、先生たちもよくわかっていたと思います（ちょうど4月をはさみましたから、新入生についての情報は不足していたかもしれませんが）。

学校はどのように対応したでしょうか。私が20年6月に教職員向けに実施したアンケート調査では、児童生徒のSOSをキャッチする取り組みについて尋ねています（図1－12）。これを見ると、「気になる家庭には電話して確認した」は公立小中の6、7割に上りますし、家庭訪問したのも公立小中の3、4割です。

コロナ禍のなかでも、こうした学校ではできることを模索していった様子がうかがえます。ただし、先生が電話をしても、子どもは虐待の加害者である親の近くでしゃべらないといけないときがあり、正確な情報を伝えられなかったケースもありました。

一方、**「学校で居場所をつくった」という回答はどの校種も2割に満たず、公立高校については「上記のいずれも実施しなかった」は約半数に上ります。**オンライン授業などで

26　厚労省も速報値の資料のなかで「新型コロナウイルス感染症の影響により、子どもを見守る機会の減少が懸念される」と述べていますし、長く児童相談所に勤務した経験をもつ心理カウンセラー山脇由貴子さんも情報提供や相談が減った結果ではないかと見ています。山脇由貴子「コロナ禍で家族の時間が増え募ったイライラ、矛先が我が子に　増加する「虐待」をどう見抜く?」Yahoo!ニュース2020年12月4日

27　田中智輝ほか（2021）『学校が「とまった」日　ウィズ・コロナの学びを支える人々の挑戦』東洋館出版社

図1－12　休校中、児童虐待や家庭内暴力など、ステイホームがつらい児童生徒のSOSをキャッチする取り組み状況

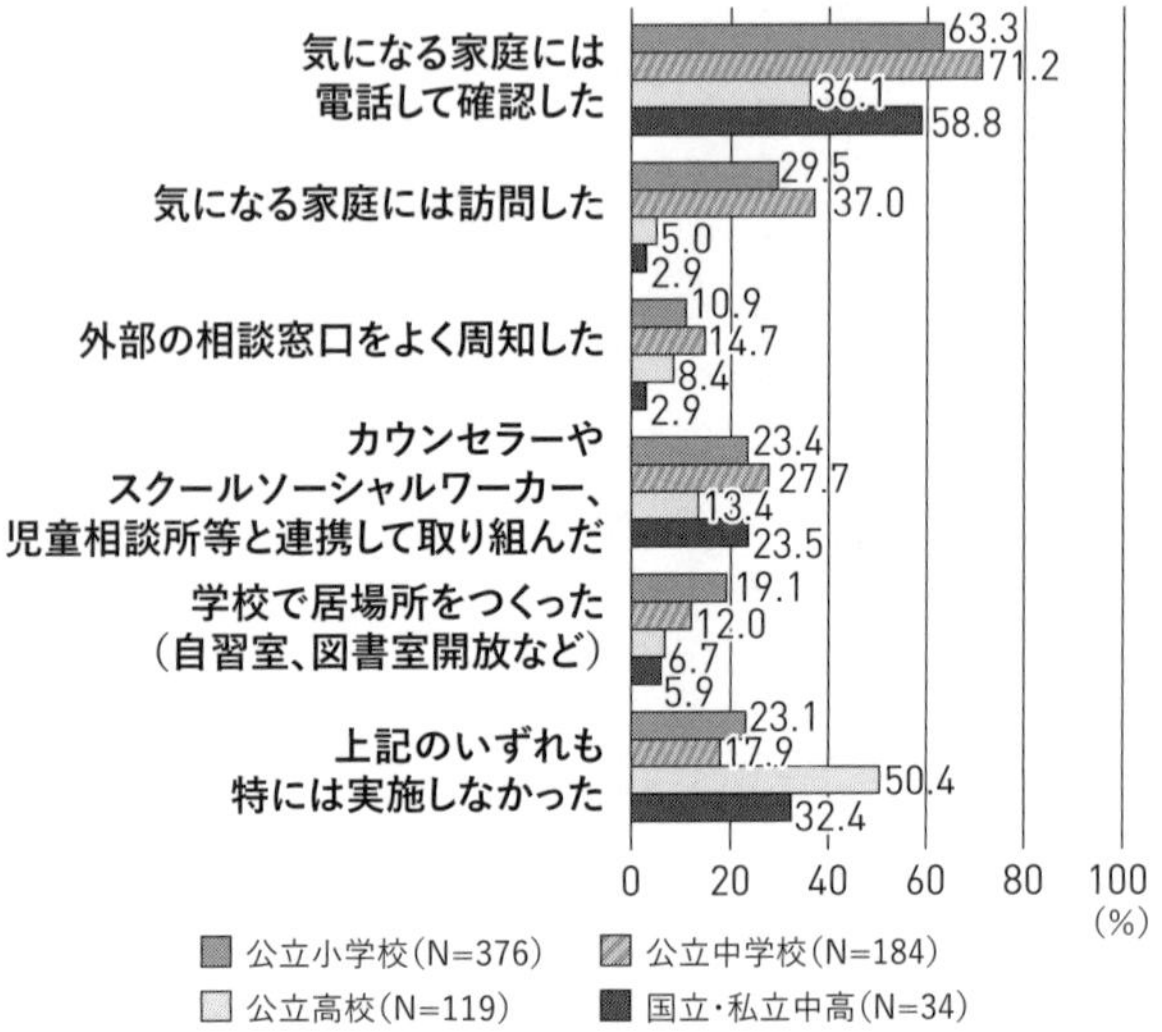

出所）妹尾昌俊「with/afterコロナ時代の学校づくりと働き方に関する調査」

は先行している感もあった私立学校については、回答数が少ないのでどこまで実態を表しているかは精査が必要ですが、必ずしも、子どもたちのSOSをキャッチすることについては進んでいたわけではないようです。

　教育委員会等は、ステイホームがつらい子は日中、学校や地域の図書館等に来てもよいということを決めて、アナウンスするべきではなかったでしょうか。文科省もこうした点については関心が薄く、無策だったのではないでしょうか。

図1－13　児童生徒の自殺者数の推移

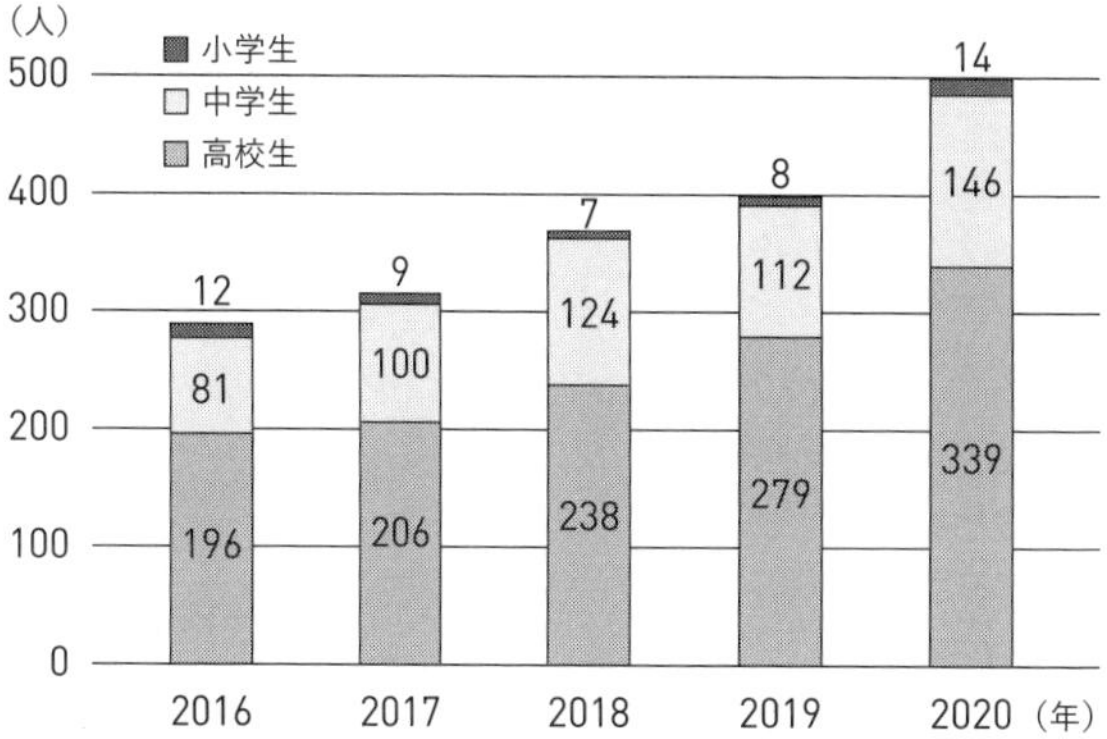

出所）文科省「令和2年児童生徒の自殺者数に関する基礎資料集」（令和3年3月26日更新版）をもとに作成

休校明けから子どもの自殺が急増

とても心配な事実があります。**小中高校生の自殺が休校明けの20年7月から12月にかけて急増しているのです。**特に8月は65人で例年の約2倍の水準です。2020年だけで見ても499人もの子どもたちが命を絶っており、前の年より100人多い水準です。うち小学生は14人、中学生146人、高校生339人で、とりわけ高校生の自殺が大きく増加しています（図1－13）。

こうした自殺の背景にはさまざまな要因が働いていると思われます。大幅に増加した高校生の女子については、「病気の悩み・影響」の「うつ病」が最も多く、次いで「その他進路に関する悩み」「その他の精神疾患」が理由として挙がっています。ただし、理由は判別できないケースも多いことでしょう。休校が長引き、再開後は学校や友人関係になじめなかったこと、高校卒業後の進路に不安が強まったこと、コロナにかかるとのけ者にされるという恐怖、有名芸能人の相次ぐ自殺など、さまざまなことが影響している可能性があります。

ひと月に60人以上もの小中高校生たちが自ら命を絶つなど、異常です。家庭も学校も社会も、彼ら・彼女たちに何かできなかったのか、悔やまれます。

フリーズした学校

誰にとっても対応が難しい、新しい感染症との戦い。コロナ禍で先生たちもたいへん尽力された点も多いのは確かです。

しかし、本章で見てきたとおり、かなりの数の小中高校等では、休校が長引くなか、子どもたちの学習や安全確保、福祉という点では、十分とは言えない対応に終始しました。まだ3月のバタバタしていたときならまだしも、休校が2カ月、3カ月近くになり、保護者もしびれを切らして声を上げた人がいたにもかかわらず[28]、多くの学校（とりわけ公立）の対応は鈍かったと言えます。

たとえるなら、**パソコンが「フリーズ」して止まってしまった状態**に近かったのではないでしょうか。

もっとも、いっぺんにたくさんのコマンド（命令）を出し、そのためにフリーズしてしまったのかどうかは、よく考えてみる必要があると思います。

休校中の学校に、保護者も児童生徒も社会も、そう多くのことを期待したわけではなかったのではないでしょうか。前述したとおり、小学生の親であれば、せめてもっと先生から宿題の趣旨や意味を説明してほしかったということでしょうし、小中学生や高校生であれば、ほかの児童生徒とオンライン上などでちょっとでも交流したかったということでしょう。なにもすごく質の高い授業動画をたくさん配信してほしいといった願いではありませんでした。

なぜ、この程度のことができなかったのか。なぜ、多くの学校、自治体は挑戦すらしなかったのか。こうした疑問の解明は、第４章で議論することにします。その前に、次章では、休校が明け、学校が再開されたあとの様子も検証しておきましょう。

28　たとえば、都内の保護者の有志は、20年４月～５月、23区内のオンライン授業等の状況を調査し、先進事例や保護者アンケートの結果（オンラインでの交流や授業を求める保護者と子どものニーズ）を自治体に伝えました。

第1章のまとめ

○全国的な休校によって、子どもたちの学習が家庭任せになるケースが多かった。大量の宿題プリントを先生たちはよかれと思って出したかもしれないが、結果的には勉強嫌いを助長した可能性もある。

○ウェブ会議を使った交流や健康観察、授業などを進めた公立学校もあったが、他の多くの公立学校は消極的だった。さまざまな難しい制約があったことは確かだが、できない理由ばかり並べて、主体的に動こうとしなかった学校もあった。

○学習の遅れはあとからでも取り戻せるかもしれないが、より深刻なのは、子どもたちのメンタル面や家族関係の悪化である。「ステイホーム」がつらかった子たちを、学校も私たち社会も置き去りにしてしまった。

第2章

子どもたち本位で考えられない学校

いまの教育は「学校都合」で動いていないか

「時間の埋め合わせ」は生徒のためになったのか？

第1章では、休校中の学校の対応について見てきました。本章では、学校再開後の動きを扱います。大きな問題のひとつは、休校中に授業が進まなかったことの反動か、**再開後は授業を詰め込むようになった学校もたくさんあったことです。**

文科省が各教育委員会に調査したところ、9割以上の自治体で夏休みをはじめとする長期休業の短縮を行い、補習の実施も小中学校を所掌する自治体の約2割、高校を所掌する自治体の半数近く（約48％）に上りました（20年6月23日時点）[1]。土曜授業の活用も小学校の約15％、中学校の約17％、高校の約32％に上りました（いずれも学校の割合ではなく、回答した教育委員会の割合）。

「2カ月も3カ月も休校が続いたんだから、学習の遅れを取り戻すためには、補習や土曜授業も必要だ」。そう思われる方も多いかもしれません。たしかにそれは一理ありますが、**安易に時間を増やそうとする考え方には大きな問題が潜んでいます。**

ひとつは、子どもたちへの影響です。土曜授業を例に取れば、休みと思っていた日が授業になると、意欲が落ちる子もいます。あるいは疲れがたまって、翌週以降（とりわけ月曜）の授業への集中力が落ちる子も多いと、教員からよく聞きます。たとえば、こんな意見もあります。

> 土曜日に学校に行きたくないのか、毎回土曜授業の日はお休みする子がいました。また、休む子が何人もいるので、結局授業はあまり進められません。なので土曜に来ても復習の時間にすることが多く、子どもたちも平日に比べて意欲がないので、あまり有意義には感じません。（公立小学校教員）

土曜授業の効果がいかほどなのか、よく検証する必要があります。小学生なのか、中高校生なのか等によっても、ちがってくる話ではありますが、教育委員会等が思っているほど、土曜授業の学習上の効果は高くないかもしれません。

もうひとつの問題は、ただでさえ忙しい教員の負担がさらに増えることです。

私が20年6月に実施した教員向けのアンケートでは、土曜授業を実施する場合に心配な

1　文科省「新型コロナウイルス感染症の影響を踏まえた公立学校における学習指導等に関する状況について」

図2−1　土曜授業を実施する場合に心配すること

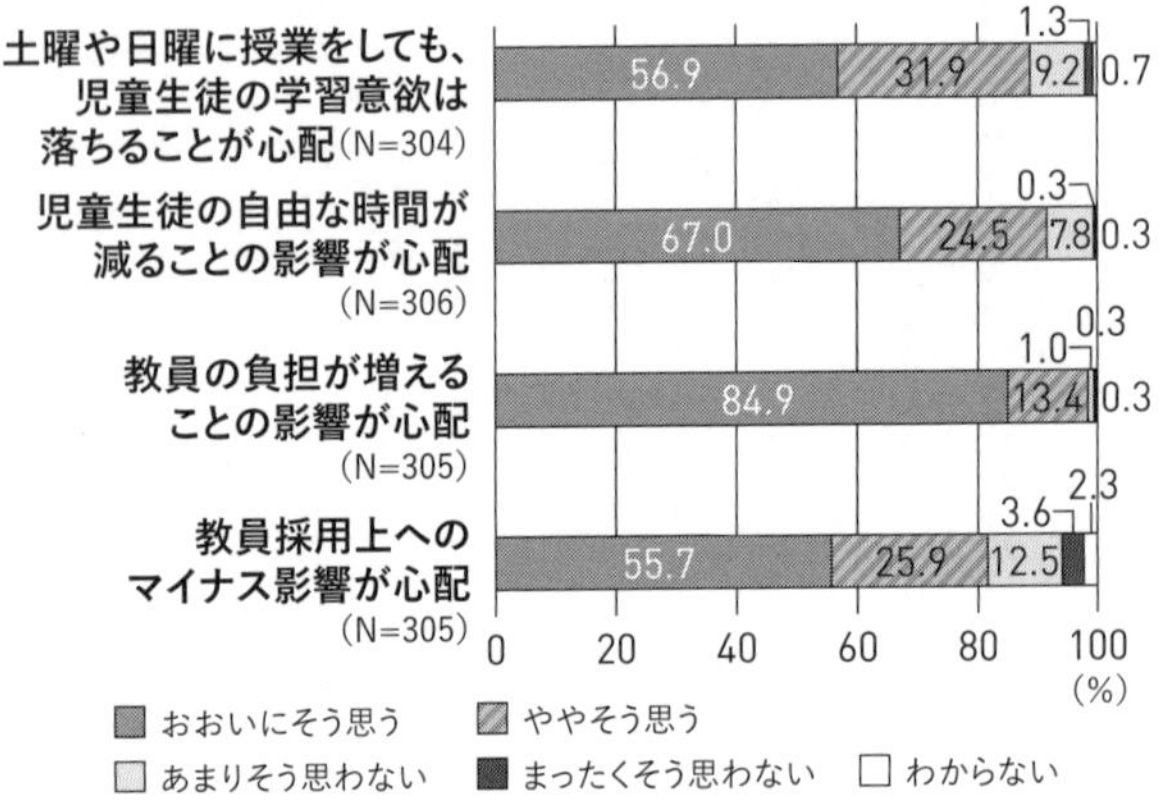

出所）妹尾昌俊「土曜授業の振り替え等に関する実態調査」

ことを尋ねました（図２－１）。

この調査も、もともと問題意識のある人が回答しやすいので、いくぶん割り引いて考える必要はありますが、教員の多くの感触としては、土曜授業を実施することで、児童生徒の学習意欲が落ちることや、子どもたちの自由な時間が阻害される影響を心配しています。校種（小中高）ごとにも分析しましたが、大きな差はありませんでした。

さらに**「教員の負担が増える」について「おおいにそう思う」と答えた教員の割合は約85％にも上っています。**振替（代わりの休日）がきちんと取れていれば、まだマシだと思いますが、そうはいかないケースもあるので、負担感は一層重いのです。なかには、こんな意見もありました。

私たちはロボットではない。子どもたちは、疲れはてている。学力をつけるなんて状態ではない。今回のコロナ対策で、来年の3月まで、隔週土曜日授業の予定。弁当持ちで5時間授業。試算したら、標準時数（引用者注：学習指導要領で必要とされている年間の授業時間数）が確保できてしまった。学習指導要領に子どもを合わせるのではなくて、子どもたちの声を聞きながら進めていきたいと考えている。（公立小学校教員）

今年度は月2日、土曜授業となり、夏休み、冬休みも短くなるため、振替が取りづらくなる。加えて、平日も7時間授業を行う日が出てくることから、体がもつか大変心配。相変わらず消毒作業も継続するなら、授業準備の手を抜かざるを得ず、子供にとっても、教員にとっても、マイナスでしかない。（公立小学校教員）

土曜授業や7時間目まで、補習、夏休みの大幅な短縮。これらはすべて、学習ないし授業の「量」を重視する考え方と言えます。

ですが、**本来問われないといけないのは、「質」のほうです。**おもしろくもない授業を平日7時間目や土曜まで、あるいは夏休み返上で猛暑のなかでやられても、子どもたちにとっては、たまったもんじゃありません。質を伴わない量の拡大は、子どもたちの意欲や関心という観点では、逆効果です。

休校中の大量の宿題については、その内容とフォローアップという意味で「質」に疑問の残るものも多くありました（その子に合ったものだったのかなど）。それによって結果的に子どもたちの意欲や好奇心を損ねてしまった可能性もありました。**こうした休校中のいわば「失敗」を、学校が再開した後も繰り返してしまう地域もたくさんあったのです。**

与えるばかりの教育を見直すときなのに

学校再開後の授業の様子はどうだったでしょうか。ベネッセの調査によると、**「教師主導の講義形式の授業」「教科書通りに教える授業」をよく行ったという小学校、中学校はそれぞれ5～6割でした。**また、ときどき行ったという学校も合わせるとそれぞれ9割近くに達します（図2－2）。小学校では「計算や漢字などの反復的な練習」も多いようです。

「自分で決めたテーマについて調べることを取り入れた授業」をよく行っている小中学校は1割に満たず、「グループでの話し合いを取り入れた授業」「体験することを取り入れた授業」をよく行っている小中学校も2割未満です。

図2−2　学校再開後の1学期の授業で行ったこと

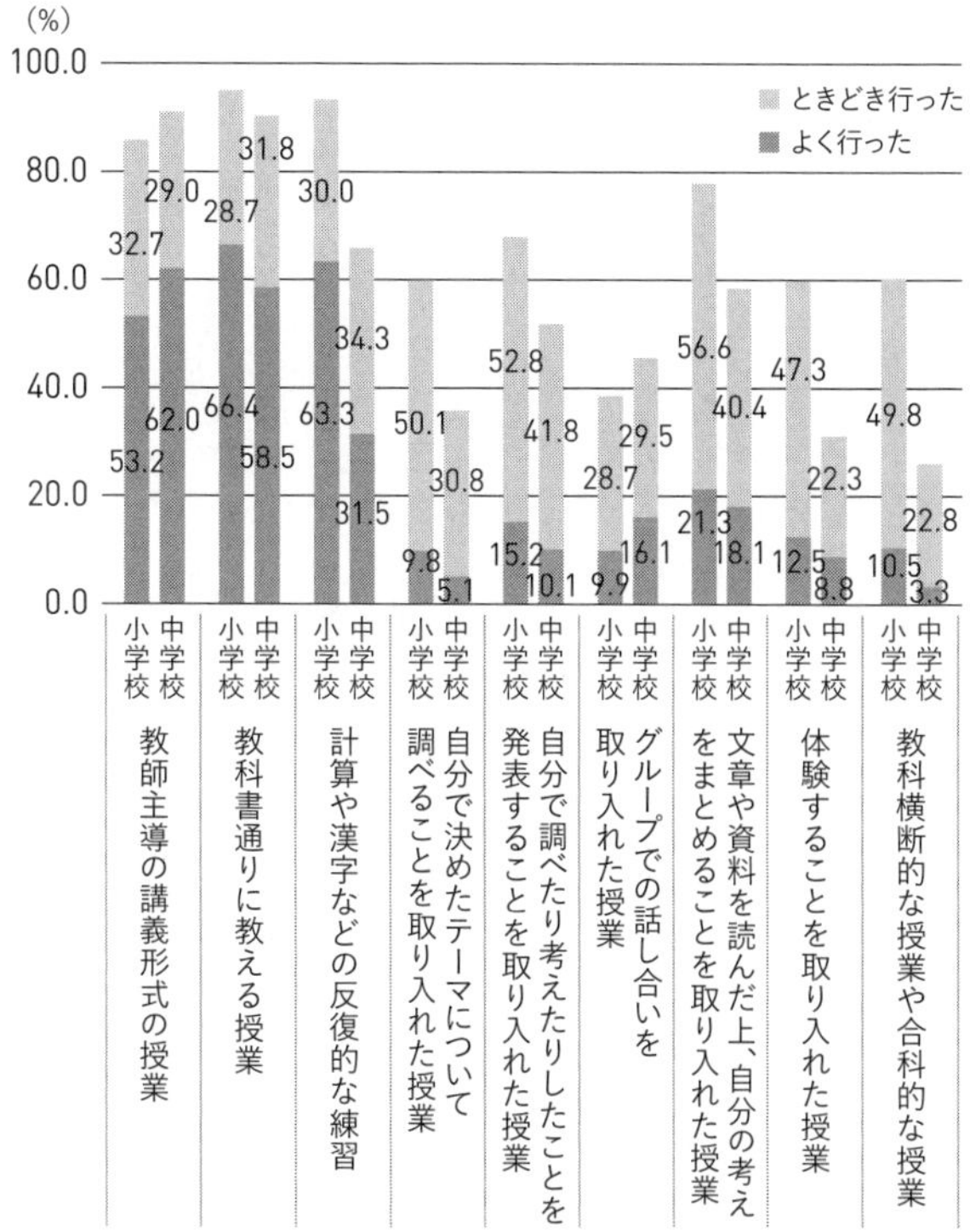

出所）ベネッセ教育総合研究所「小中学校の学習指導に関する調査2020」をもとに作成

小学校では2020年度から、中学校でも2021年度から実施されている学習指導要領では、たとえば先生が板書したことをノートに取るだけといった受け身的な学習ではなく、子どもたちが自ら主体的に考えて試行錯誤したり、他の児童生徒と協働的に対話しながら学んだりすることが重視されています。「主体的・対話的で深い学び（アクティブ・ラーニング）」と呼ばれています。もちろん、一概に「教師主導の講義形式の授業」はアクティブ・ラーニングではないとか、グループで話し合いをしておけば学びが深まるにちがいないなんて、単純化できるものではありません。[2]

ですが、感染症対策を図りながら、休校中の遅れを取り戻し、教科書を進行させること（あるいは受験に間に合わせること）にかなりの労力が割かれる一方、**子どもたちの主体性やリーダーシップを高める学びは少なくなっている可能性が高い**と、前述のデータからは推測できます。つまり、アクティブ・ラーニングがトーンダウンしている学校もあるようです。

同じベネッセの調査によると、「主体的・対話的で深い学びを進める時間的余裕がない」という先生は、ともに約7割に上ります（「とてもそう思う」、「まあそう思う」の合計）。

また、「教科横断的な授業や合科的な授業（複数の教科の学びを組み合わせたもの）」をよく行った、ときどき行った中学校は約1／4です（図2－2）。もともと中学校は教科担任制なので、複数教科での連携は薄い傾向がありましたが、コロナ危機のなかでより顕著になっているのかもしれません。

しかし、教科は社会や子どもたちの生活から見れば、便宜的な区分に過ぎませんし、毎日とはいかないまでも、中学校や高校などでももっと教科横断的な学びを推進していく必要があると私は考えます。たとえば、コロナに引きつけるなら、感染症の歴史から学ぶというテーマで、社会、保健体育、理科、国語などが連携したカリキュラムをつくっていけるはずです。ただ、かなりの学校は、そうした発想や余裕を失ってしまっているように見えます。

休校中、自律的に主体的に学ぶ子ばかりではありませんでした。それは、これまでの学校教育で指示待ちの子たちを増やしてきたということでもあるのではないか、と少し立ち止まって考えられたことでした。休校中の反省もあまりなされないまま、親鳥がひな鳥に

2　たとえば、グループ学習があまりなく、講義中心であっても、レポートを書いたりすることで、児童生徒の思考力や主体性は高まる可能性はありますから、どうすれば「アクティブ・ラーニング」になるかは、さまざまです。そもそも、アクティブ・ラーニングの定義自体がはっきりしない側面もあります。

エサを与えるかのごとく、**与えよう、与えようという教育に、再開後も学校は邁進《まいしん》しているのです。**

しかも、事態はより深刻です。なぜなら、3カ月近くも休校が長引いたため、子どもたちの学習意欲や学びの進捗面で、いわゆる、できる子とできない子のあいだで差が広がっている可能性が高いことが予想されたからです（後述します）。学力や意欲が低い子たちはコロナ前よりも、一層しんどくなっています。そういう子が、毎日7時間目まで授業を組まれたり、土曜も来いと言われたりしています。しかも、仮に講義中心で置いてきぼりにされる授業が多いとなると、さらに勉強嫌いになってしまってもおかしくありません。

95％の自治体で夏休みを短縮！

文科省が全国の教育委員会に尋ねた調査（20年6月23日時点）によると、夏休みなどの長期休業を短縮する予定があるという回答は、小中学校を所掌する教育委員会では約95％、高校を所掌する教育委員会では約93％に上りました[3]。

なかには、期間を極端に短くする自治体もありました。お盆を除き、夏休みゼロに近い方針を打ち出した自治体もありますし、30日以上あったものが一気に数日〜10日程度になった自治体もあります。小中学校でみると、最短は9日。たとえば、ある市は8月8日〜

16日までの9日間を夏休みとしましたが、土日祝日も含んでいるので、実質的な休みは4日だけです。高校について見ると、最短は4日という例もあります。多いのは16日や23日で、例年の半減というところでしょう。

私立学校についても短縮する動きが多いようです。最も短い例はお盆の4日間だけ。その一方で、50日近く夏休みを取る学校もあるとの報道もあります。[4] ただし、公立私立問わず、表向きは夏休み期間中であっても、補習（補講）を行うなどして、実質的には授業日と変わらない高校などもあります。こうした点にも注意しておく必要があります。

夏休みは必要か？

こうした夏休みの短縮については、賛否両論あります。たとえば、熊本市では、教育委員会の会議で、白熱した議論があったようです。「短縮なし」「6日間短縮」「12日間短縮」の3案を検討した結果、6日間短縮を採用し、他市区町村の多くとは異なり、1カ月近い

3　文科省「新型コロナウイルス感染症の影響を踏まえた公立学校における学習指導等に関する状況について」
4　ダイヤモンド・オンライン「最短わずか4日間！　首都圏『中高一貫校』の夏休みは平均20日間に」2020年7月21日

夏休みを確保しました。

熊本市では、休校中もICTの活用が進み、一定程度、授業や家庭学習が進んでいたことが影響しました（学校や家庭にもよりますが）。対照的に、全国的には、熊本市のような状況ではない地域のほうが大半でした。

2020年は、同じ都道府県のなかでも、市区町村ごとにずいぶん夏休みの期間はちがいました。それだけ、短縮をめぐっては賛否、さまざまな考え方があるのだと思います。21年の夏はどうなるでしょうか。

夏休みは必要かどうか、大幅に短縮することを是とみるか非とみるか。図2－3は、いくつか視点、論点をリストアップしてみたものです。

タテには、**「福祉の論理」**と**「教育の論理」**と書きました。両者は重なる部分もありますが、ひとまず、アタマの整理として、子どもや保護者の福祉を重視する視点と、教育上の効果や学習に焦点をあてる視点に分けて考えましょう。

まず、夏休みは短くていい（もしくは、なくてもいい）派について考察すると、家庭任せでは、子どもの健康・福祉が危ういという理由があります。給食のない夏休み中には痩《や》せてしまう子がいます。村山伸子教授（新潟県立大学）らが2017年に発表した研究によると、「学校給食のない日は、世帯収入によって食品群や栄養素の摂取量に明らかな差が

図2－3　夏休みをめぐる賛否、論点

	夏休みは短くていい or なくてもいい	夏休みは一定の長さあったほうがいい
福祉の論理	✓家庭任せだと、食生活が不十分で、健康上よくない（夏休み明けに痩せてくる子も）。 ✓働いている保護者にとっては、子どもが通学してくれるほうが安心で、助かる。 ✓保護者のストレスが高まると、虐待リスク等も高まる可能性がある。	✓学校は教育機関であり、保育所ではない。 ✓猛暑のなかの登下校や授業は、熱中症のリスクを高める。 ✓子どもの健康にとっても、ゆとりある生活や休養は大切。
教育の論理	✓休校（臨時休業）中の学習の遅れを取り戻すため、授業日数の確保が必要。 ✓学力向上のため、授業日数の確保が必要。 ✓豊かな体験などができるのは一握りの子ども。結局、家庭の教育力や経済力等によって、教育格差が開いてしまう。	✓学校での学び以外の体験をしたり、自分の好きなことに打ち込んだりする時間が必要。 ✓授業日数を増やしても、学力向上につながるとは限らない。イヤイヤ登校させても学習上効果はあるのか？ ✓教職員がじっくり研修や研鑽できる時間も必要。

みられた」そうです。

ほかにも図2－3に書いたように、子どもの福祉、安全の観点から、夏休みはマイナス影響が大きいのではないか、と考えることもできます。

一方で、これには反論、疑問もあります。図2－3の右側、夏休みは一定の長さがあったほうがよい派について見ると、学校は保育所など福祉施設ではないのだから、家庭任せではしんどい子がいるといっても、そのための負担を学校が丸抱えする必要があるのか、という疑問が出てきます。

5　朝日新聞2019年7月26日

また、夏休みがある理由として、最も深刻に捉えるべきかもしれない理由は、登下校中や授業中の熱中症のリスクを避けることです。２０１８年7月17日には、豊田市で小学1年生が熱中症で亡くなる痛ましい事故がありましたが、このとき公園に校外学習に出かけたのが10時ごろでした。特に２０２０年はコロナ禍でマスクを着用していたこともあり、各地で熱中症リスクを抱えたままの登下校となりました。

学校で勉強を進めたい派VS学校の勉強だけじゃない派

次に、教育の論理で見ていきましょう。今回、夏休み短縮の動きが多かった最大の理由が、「休校中の遅れを取り戻す」というものでした。

加えて、休校がそれほど長引かなかった地域でも、学力向上策として、夏休みは短くして授業日を増やそうという動きがありました。全国学力・学習状況調査（全国学力テスト）で苦戦している、ある自治体では、首長や地方議会から教育行政に学力向上せよとの強いプレッシャーがあり、このことが授業時間増に向かわせているようです。

これはこれで一定の理由がある話ではありますが、疑問もあります。図２－３の右側にも書きましたが、猛暑のなか授業をしても、子どもたちは大丈夫だろうか、学習効果は高いのだろうか、ということです。クーラーが付いた学校も増えてきましたから、ずいぶんこの心配は減っているかもしれません。ですが、コロナ対策で換気も必要ですし、もともと1カ月近くあると思っていた夏休みが1週間や2週間になって、子どもたちの学習へのモチベーションも下がっているかもしれません。これで授業を増やしても、果たして、いかほどの効果があるのか、という反論はあります。

このあたりは、データをとって検証していかないと、水掛け論になりかねません。日本とは状況は異なりますが、次のような研究も参考になりそうです。[6]

> アメリカでのサマーバケーション（引用者注：約3カ月間）における学びの損失を扱った研究群のレビューが示すことは、サマーバケーションの間に子どもたちは、就学年の1ヶ月分に相当するものを損失し、その損失は読解力（リーディング・リテラシー）よりも数学で大きく、また、学年が上がるにつれて増大する。この損失はまた、低収入家庭の子どもたちほどより大きくなる。

子どもたちの学習が夏休みで中断されてしまうのかどうか、マイナス影響はいかほどな

6　OECD「2020年新型コロナウイルス感染症パンデミックへの教育における対策をガイドするフレームワーク（仮訳）」

のかが問われます。かと言って、ともかく授業を詰め込めばよいわけではありません。加えて、大幅に夏休みを短縮せずとも、カリキュラムや授業進度を工夫すれば、休校中の遅れは取り戻すことができたという学校もありました。

もうひとつ、夏休みの意義、意味を考えるうえで大事なことがあります。それは、なにも**子どもの学びというのは、学校にいるときだけではない**、という視点です。

ある程度の休みがあって、ヒマな時間もあったほうが、体験活動をしたり、自分の好きなことにじっくり取り組んだりできる余地は広がります。たとえば、感染が収まれば、旅に出かけて、日常とはちがった体験をするのもいいでしょう。また、ごく個人的な話になりますが、うちの次男（小学生）はマインクラフトというゲームが大好きで、多少プログラミング的なことも試しています。

ただし、ここでも注意が必要です。図2－3の左下にも書きましたが、豊かな体験などができるのは、家庭の状況によるところもあります。結果的には、教育格差が広がってしまうかもしれません。

さらに、夏休みは教職員にとっても研修や研鑽《けんさん》の大切な時間です。たまに誤解されている方もいますが、子どもの夏休み＝先生たちも休み、ではありません。

　夏休みを削って授業を詰め込むと、先生たちの授業準備や研修に時間が取れず、授業の質や子どもへのケアが低下する事態を招きかねません。ただし、もちろん、研修等の質も問われないといけません。

　加えて、教員採用上も、夏休みを大幅にカットすることはマイナスに働きかねない可能性があります。ただでさえ、日本の先生たちは日常的にとても忙しいことが知られています。そんななか、多少じっくり教材研究や研修に取り組める夏休みを減らそうとしているのです。私が仮にどこかの教育長なら、夏休みはカットせず、そのことを学生らにＰＲします。

複眼的に、多面的に考えてきたか？

　こうして検討していくと、夏休みの短縮にも、夏休みを長めに確保することにも、双方一長一短ですし、さまざまに考慮しなければならないことがあります。しかも、今回リストアップした以外の論点もありますから、一層多面的に考えていく必要があります。

「じゃあ、どっちでもいいのか」と言われると、そうではないと思います。今回は福祉の論理と教育の論理に分けて考えましたが、どちらを重視するのか、あるいは個々の論点のうち、どれに重きを置くのかによって、夏休みの設計は変わってきます。

一例をあげると、北海道、東北などではエアコンがついていない学校もまだ多くあります。そこでは、いくら学習の遅れを取り戻すぞと強調しても、子どもたちの熱中症リスクを心配するほうが妥当かもしれません。

ですから、自治体などによって判断も分かれてきて当然と言えば当然なのです。文科省が全国一律に示すものでもありません。

とはいえ、教育委員会や校長をはじめとする関係者が、どこまで多面的に深く考えた上で夏休みの期間を設定したのかは、問われるところだと思います。

私からみると、どうも、**教育委員会等は一面的にしか見ていないのでは、と感じてしまうときがあります。**「今年は授業時間確保のために、夏休み短縮しかない！」と言いつつ、熱中症対策やモチベーションの上がらない子へのケアは学校あるいは家庭へ丸投げ。また、子どもたちに、教室ではない豊かな学びの時間を確保していく（遊びも含めて大事ですよね）という視点はとても弱いです。

さらに申し上げると、一長一短あるとはいえ、できうる対策は講じていくべきですし、別の政策手段との合わせ技も考えていくべきです。たとえば、夏休みを長めにとると、貧困家庭などは福祉上も教育上もつらい、ということであれば、そこに個別の支援策を打っていくことが必要です。具体的には、食費の補助であったり、子ども食堂やフードバンクとの連携であったり、大学等と連携して学習プログラムを用意したりすることです。

教科書を進めること≠学びの保障

効果が怪しいうえに、負の影響や負担も大きい（児童生徒にとっても、教職員にとっても）、土曜授業や7時間目、夏休みの大幅短縮などにかなりの数の自治体、学校が邁進したのは、なぜでしょうか。詳しくは第3章と第4章で扱いますが、学校現場の先生たちから度々《たびたび》聞いたのは**「教科書を年度内に終わらせないと」**という言葉です。

受験を控えた中学3年生なら、ありがちな話ではありますが、そうでない学年の先生からもこうした声は多数上がりました。文科省は一部の単元を翌年度や翌々年度に繰り越してもよいと通知してきました。[7] ただし、これはあくまでも特例的な措置《そち》という性格ですし、年度をはさむと教職員の異動もあるので、この特例を使う学校が多いとは考えにく

7 文科省「新型コロナウイルス感染症の影響を踏まえた学校教育活動等の実施における『学びの保障』の方向性等について（通知）」令和2年5月15日

く、年度内の詰め込みに動く学校が多くなるという予測もありました。[8]

そうは言っても、たとえば、一部の単元は当初の計画よりは速めに進めたり、一部は翌年度にもち越したりして、児童生徒にとって負担が大きくなり過ぎないように、教育課程を編成しなおすことは、各学校の権限と工夫のなかで可能だったはずです。土曜授業や夏休みの大幅カットをせずとも。

ちなみに、教科書というものは、使用義務はありますが（学校教育法第34条）、それは主たる教材として使いましょうということであって、教科書の記述を端から端までなぞるような「教科書を教える」授業が求められているわけではありません。[9]「教科書で教える」ことはあっても。

「ともかく教科書を進めないと」といった言動から垣間見られるのは、教師たちのやや硬直化した捉え方です。もう少し厳しい表現をすると、教科書を使って、子どもたちの知識等を深める、理解できるようにするという当初のねらいが、いつの間にか脇に置かれて、教科書を終えるという手段が目的化してしまっている傾向です。

各学校、教育委員会では**「教科書を終えられたら、あるいは受験に間に合ったら、それで子どもたちの学びを保障したということになるんでしたっけ？　学校の役割ってそうい**

うものでしたっけ？」という問い直しが必要だったと思います。

子どもを主語に考えてきたか？

『みんなの学校』という、とても感動的な映画があります（2015年公開）。大阪市立大空小学校で、多様な個性や特性をもつ子たち（以前の学校では不登校が続いた子や発達障害と認定された子も含む）が誰一人排除されることなく、ときには児童同士でぶつかりながらも生き生きと学び合っている様子、そして教職員も子どもたちから学び成長していく過程が描かれているドキュメンタリーです。

大空小学校の初代校長の木村泰子さんは**「子どもを主語に考える」**ということをよくおっしゃっています。[10]コロナ禍での各地の学校の様子や報道についても「すべては『いかに教師が教えることを取り戻すか』に終始した報道しか入ってきません」「この非常事態においても『子どもを主語に』学校教育を問いなおそうとしない声には怒りすら感じます」

8　高橋哲（2020）「新型コロナウイルス臨時休業措置の教育法的検討（二）　学校再開後の子どもの『学びの保障』をめぐって」季刊教育法No.206

9　石井英真（2020）『未来の学校　ポスト・コロナの公教育のリデザイン』日本標準　P29～30

10　みんなの教育技術記事「【木村泰子　緊急寄稿】虐待、貧困etc.……コロナ危機で苦しむ子どもたちに対し『今、できること』」2020年4月28日　https://kyoiku.sho.jp/48248/

とも述べています。
岩瀬直樹さん（軽井沢風越学園校長）もこう述べています。[11]

全国的に学校が再開しはじめています。「学校教育を根本から問い直すチャンスである」という機運もあっという間にしぼみつつあり、まるで全速力で「元に戻ろう」としているようにも見えます。授業時数確保のための長期休業期間の短縮、行事削減、土曜授業や7時間授業の実施。（中略）そこからは、学習の当事者たる子どもの声が聞こえてきません。（中略）子どものための余白時間は「時数確保のため」にカットされていく。いったい私たちは何をしているのか。

この章で述べてきたことは木村さん、岩瀬さんの指摘とも重なります。「休校中の遅れを取り戻せ、まずは授業時間を確保せねば」「学校行事について子どもの声を聴いている時間なんてない」「教科書の途中までしかいかなかったら、保護者からどんなクレームがくるか」。
コロナ禍での学校、教育行政ではそんな声や気持ちが広がりましたが、これらの多くは、子どもたちが何を学ぶか、どう学ぶか、何が本当に子どものためになるだろうか、といった、突っ込んだ検討をすっ飛ばしたものでした。
学校再開後、今日に至るまで「子どもを主語に考えてきたか」が問われています。

11　岩瀬直樹ほか（2020）『ポスト・コロナの学校を描く』教育開発研究所

第2章のまとめ

○学校再開後は、土曜授業や夏休みの短縮などによって授業時間を増やす動きが各地で起きた。それは一定の理由、効果があるが、マイナス影響も大きいものだった。
○子どもたちに与えるばかりの教育を見つめなおす契機であったが、そうはならなかった。
○教科書を最後まで終えるという手段が目的化した発想になっていなかっただろうか。各教育委員会や学校が、子どもを主語に、さまざまな影響を複眼的、多面的に検討してきたかが問われる。

第3章

コロナ禍で見えてきた「教育の大問題」

日本の学校の「4つの弱点」

コロナ危機で再認識した学校の3つの機能

第1章、第2章ではコロナ禍の日本の学校教育の実態について、その一端を見てきました。そのなかで、学校教育が果たしてきた次の3つの役割、機能が見えてきました。

①子どもの学力を高める役割・機能（学力保障）
②子どもの安全と福祉を守る役割・機能
③子どもの人間的、社会的な成長を促す役割・機能

そしてこの1年あまり、「学校の対応は十分でなかった、不甲斐《ふがい》ないものだった」とすれば、それは裏返せば、それだけ普段の学校の役割、機能が大きいものであることを多くの人（教職員、保護者、社会）は実感した、ということでもあるのではないでしょうか。[1]

①の学力を高めることとは、ペーパーテストで測定できる狭い意味での学力だけを指しているわけではありません。子どもたちの知識・技能や思考力、知的好奇心などを高めていくことを指します。

②では、学校は基本的には安全な空間であり（いじめや体罰などの問題は深刻ですが）、子どもたちにとって居場所であるという機能に注目しています。保護者にとっては、学校は保育所ではないとはいえ、助かる存在ですし、栄養価の高い給食があるだけで本当にありがたいですよね。福祉的な役割とも言えます。

③は、学校生活を通じて、他者と協働したり、ときには衝突したりすることなどを通じて、子どもたちが人間的にも成長し、社会的に必要な資質・能力を高めていくことを指します。通常の授業（教科教育）でもこういう学びは重要ですし、児童会・生徒会活動や学校行事などの特別活動でも育《はぐく》んでいくことです。さらには部活動をはじめとした教育課程外の活動もこの視点で重要な存在と言えます。コロナ禍で友達と会えない、部活動もできないことは、③の点でも影響がありました。

これら3つの機能は重なり合うところもありますし、相互に補完的なところもありま

1　最近の中央教育審議会の答申でも「学校は、学習機会と学力を保障するという役割のみならず、全人的な発達・成長を保障する役割や、人と安全・安心につながることができる居場所・セーフティネットとして身体的、精神的な健康を保障するという福祉的な役割をも担っていることが再認識された」と述べています。
中央教育審議会「『令和の日本型学校教育』の構築を目指して～全ての子供たちの可能性を引き出す、個別最適な学びと、協働的な学びの実現～（答申）」令和3年1月26日

す。問題は、この3つの機能、いずれの点でもコロナ危機下の学校が十分に役割を果たせず、機能不全に陥っていたのではないか、あるいは、コロナ前からも問題だったことがよけい深刻になっているのではないか、ということです。

前の章までで観察してきたことを踏まえつつ、本章ではコロナ危機で露呈した日本の学校教育の弱点、問題を次の4つの視点で整理し、解説したいと思います。

- **問題①　子どもたちの好奇心や主体性が育っていない**
- **問題②　学校、行政は子どもたちのウェルビーイング、福祉に冷淡過ぎる**
- **問題③　保護者と学校との亀裂が拡大している**
- **問題④　疲弊する現場、教師の仕事はまだまだビルド&ビルド**

問題①　子どもたちの好奇心や主体性が育っていない

休校中に大量かつ一律の宿題を与えてフォローもない状態というのは、子どもたちの学びへの意欲を低くしたり、教科嫌いにさせたり、親子関係を悪化させたりするマイナス影響の可能性が高いことを見てきました（第1章）。実は、コロナ前のものですが、海外では宿題の効果を疑問視する研究も多数あります。[2] そのポイントを要約します。

・小学生の場合には、宿題に費やした時間と学習成果の相関はほぼゼロ、という研究がある
・保護者の関わりは、学習者が自律的に行動できるようになることと、負の相関が見られる、という研究がある
・宿題を大量に与えた場合や教師が宿題を点検しない場合、学力に対する効果はなかった、という研究がある
・学習者の能力が低いほど、また年齢が低いほうが、宿題の効果は薄い傾向がある
・宿題は動機付けを低減させ、誤った学習行動を定着させ、効果的でない学習習慣を身につけさせることにつながりうる。このことは特に小学生にとって当てはまる

もちろん、海外の先行研究が、日本の、しかもこれほど休校が長期化した状況下でも言えるのかどうかは、慎重に考える必要があります。ですが、こうした知見もあるなかで、大量とも思われる宿題を、たいした事前の趣旨説明や事後のフォローアップもなく課して

2　ジョン・ハッティ（2018）山森光陽監訳『教育の効果』図書文化
森俊郎・江澤隆輔（2019）『学校の時間対効果を見直す！　エビデンスで効果が上がる16の教育事例』学事出版

図3－1　2020年3月の休校中（春休みを含む）の学習課題（宿題）（複数選択可）

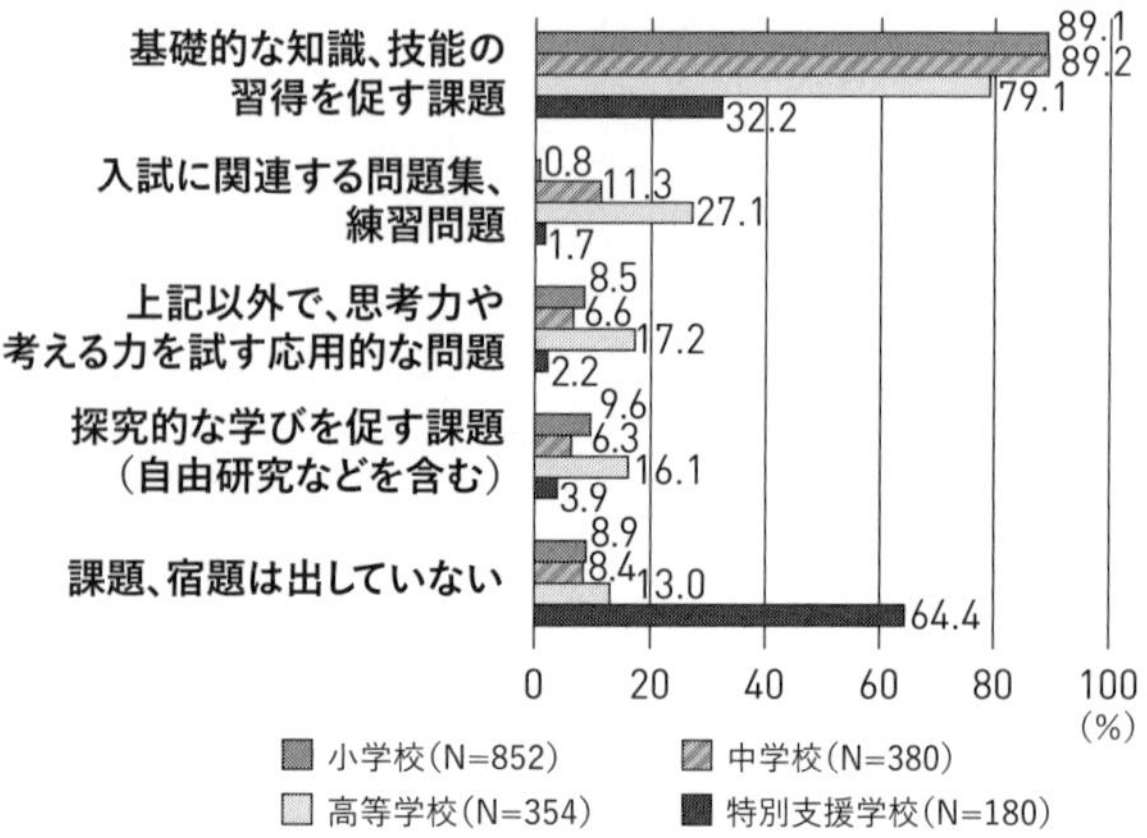

出所）妹尾昌俊「学校再開または休校に関する緊急調査」

いる学校も少なくなかったことは、大きな問題でした。

しかも、ことは宿題を出すか、出さないかという問題ではなく、宿題の中身、質が問題であった可能性も高い、と私は捉えています。

図3－1は、私が教職員向けに20年4月上旬に実施したアンケート調査ですが、おおよそ9割の小中学校と8割の高校が基礎的な知識等の習得をめざす宿題を課しており、**思考力等を高める課題や探究的な学びを進めるものは少数でした**（小中では1割未満）。ベネッセが実施した調査でも、探究型よりも知識の習得型のほうが多い傾向がわかっています。[3]

保護者からも「写経のように漢字の書き取りばかりさせる意味がわからない」「できる子にとっては計算ドリルをやってもあまり意味はない」といった声を聞きました。

コロナ前から、日本の教師は子どもたちの動機付けが苦手

図3－2のデータはOECDのTALIS（国際教員指導環境調査）のうち、中学校教員を対象とした調査から抜粋です。エストニア、フィンランド、韓国、シンガポールなどと比較しているのは、日本と同様に、PISAなどの国際学力テストのスコアが高い国だからです。[4] いわば日本のライバル国・地域ですね。

図3－2の上のグラフは、「勉強にあまり関心を示さない生徒に動機付けをする」ことについて、「かなりできている」「非常によくできている」と中学校の先生が回答した割合を比べています。**日本の若手（5年目以下）はたいへん自信がない状態です（他国よりも30～50ポイントも下）**。

ちなみに、いま日本各地の小中学校などでは、先生の若返りが起きています。定年退職の人が多い時期で、大量採用となり、若手の先生が急増しているのです。このため、教員

3　ベネッセ教育総合研究所「小中学校の学習指導に関する調査2020」
4　アメリカは学力テストの順位はそれほど高いほうではありませんが、大国なので比較対象としています。

採用試験の倍率低下も起きています。ですから、生徒に動機付けができている若手が少ないというのは、よけい心配なデータです。もっとも、5年以上の教員であっても、他の学力上位国・地域や参加国・地域平均と比べると、低い水準です。

図3－2の下のグラフは「生徒の批判的思考を促す」ことについてですが、これも日本の先生たちは非常に自信がない様子です。グラフは割愛しますが、ほかの設問「生徒がわからない時には、別の説明の仕方を工夫する」「生徒のために発問を工夫する」なども、日本は海外と比べて軒並み低いことが判明しています。

外国の先生がどうして自信たっぷりなのかは謎ですが、「全くできていない」「いくらかできている」「かなりできている」「非常に良くできている」の4択《たく》で、あとの2つにチェックした割合を比べていますから、「いくらか」と回答した人のぶんはカウントされていないことには注意してください。

「日本の先生たちは謙虚なので」という説明を文科省等から聞くことがありますが、本当にそうでしょうか？　その可能性はゼロとは言えませんが、なぜ日本だけ謙虚なのかが判然としません。もっと重たい事実は、日本の先生たちは授業準備する時間や勉強する余裕も枯渇していて、授業に自信をもてていないということではないかと思います。

図3−2　中学校教員の授業、指導の自己効力感、手ごたえ

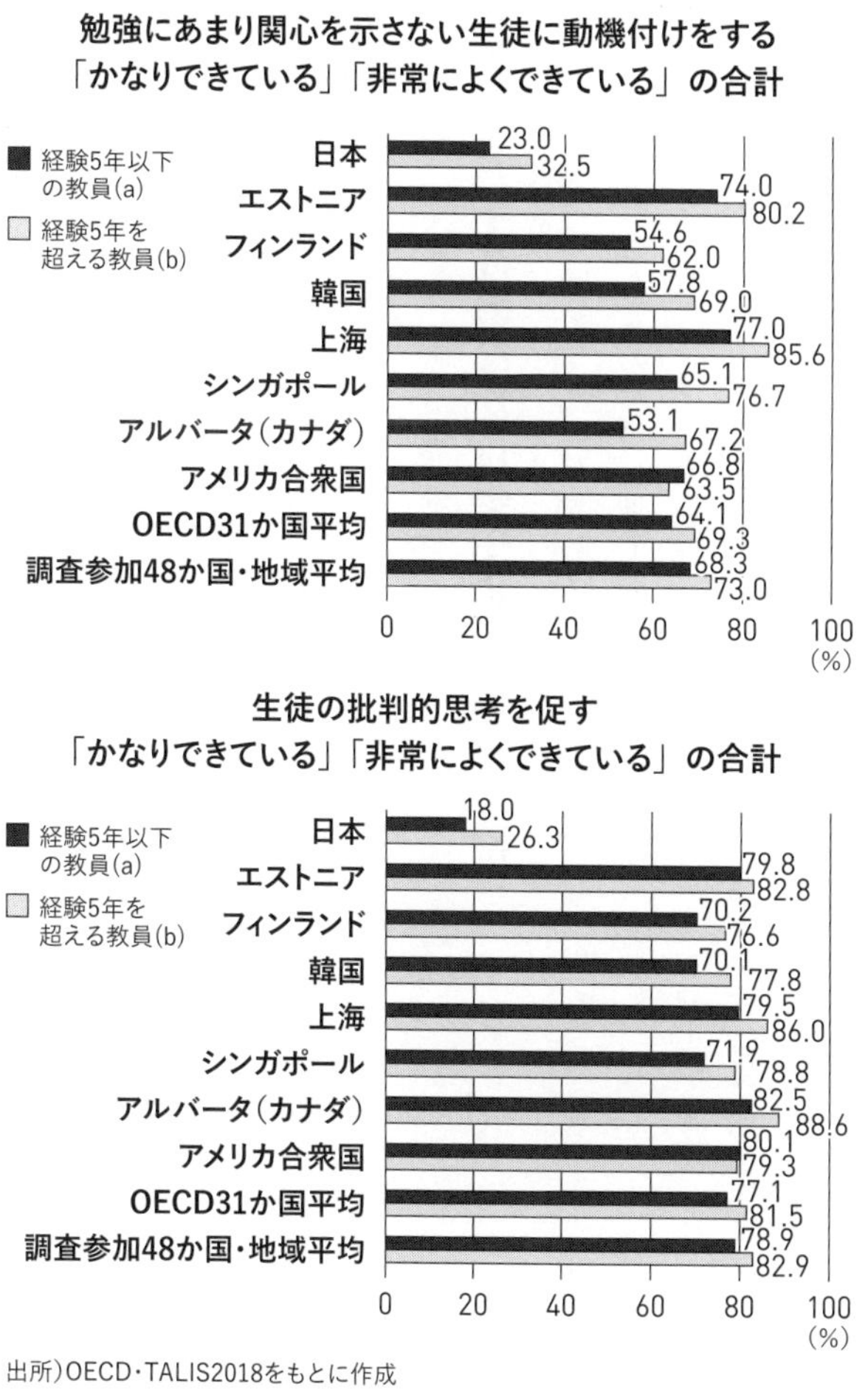

出所)OECD・TALIS2018をもとに作成

より詳しくは、小学校〜高校の先生のデータなども含めて前著『教師崩壊』（PHP研究所）で検証していますが、コロナ前からも、日本では、生徒の動機付けや思考力を高めることに苦手意識がある先生は多かったわけです。休校中もあのような宿題の出し方になってしまったことと、つながる問題です。

コロナのあと、余裕のない教育現場では一層この問題が深刻になっている可能性が高いと予想できます。これでは、学習意欲や関心が低くなってしまった子、あるいは学習に遅れがちな子を十分に引き上げる授業になっている（いた）だろうか、おおいに疑問が残ります。

子どもたち不在のなか行事中止、夏休み短縮

学校行事についてはどうだったでしょうか。楽しみにしていた修学旅行などが中止になった、という子どもたちの声は各地で聞かれました。

中止の是非よりも前に、私が問題視したいのは、その決定プロセスです。

すべての地域がそうだったとは申し上げませんが、一部の教育委員会や校長は、子どもたち不在でいろいろことを進めようとしてきました。修学旅行や運動会、体育祭、文化祭などの中止を、教育委員会と校長の会議でゴニョゴニョと協議し、早々に決めたところも

多かったですし、第2章で述べた夏休みを大幅に短縮する動きも一方的でした。調査データがないので、推測になりますが、おそらく多くの地域では、こうした決定の前に児童生徒の声を聴いたという形跡はほとんどありません。保護者もほとんど関与できなかったところが多いのではないでしょうか。

本当にこんなことでよかったのでしょうか？

日本の教育は、「従順さ」ばかりを育てている

子どもの権利条約では、子どもは自分に関係のある事柄について自由に意見を表すことができ、おとなはその意見を子どもの発達に応じて十分に考慮することを求めています（第12条）。日本が子どもの権利条約を批准《ひじゅん》したのは1994年。25年以上経っているのに、学校や教育行政では、いまだに、子どもたちの意思や意見が十分に尊重されているようには見えません。子どもの権利・法律問題に詳しい、佐藤みのり弁護士はこう話しています（強調は引用者）。[5]

5　オトナンサー「夏休み短縮、部活動中止…子どもの意見を聞かず、大人だけで議論していいのか」2020年6月6日

> こうした声（引用者注：子どもたちの声、意見）に耳を傾けず、大人だけで物事を決めてしまうと、子どもは『どうせ自分たちが意見を言っても大人は聞いてくれない』と感じ、次第に**『何を言っても無駄だ』と諦《あきら》めるようになってしまいます。**教育が大きく変わる可能性のある今こそ、大人が子どもの意見にしっかり耳を傾けるチャンスです。
>
> 子どもの意見をよく聞き、それを踏まえて議論し、その過程や結論を子どもに分かりやすく説明することが大切です。そうすることで、子どもは大人が真剣に向き合ってくれたと感じ、今後もあらゆる場面で、自ら考え、意見を言えるようになるでしょう。

茶髪禁止、ツーブロック禁止、スカートはひざ下5センチ、下着は白のみ。「ブラック校則」と言われることもある、合理的な理由がよくわからない校則を押しつけることにも、似た問題があります。関連する著書もある荻上チキさんは、こうした校則の一番の問題はなにか、インタビューで次のように話しています。[6]

> 暗黙のうちに、「年上や先生には逆らってはいけない」「和を乱してはいけない」「理

不尽なルールであったとしても、それに従う方が個人の権利を主張するより重要だ」という価値観を子どもたちに伝えている。「社会のおかしなルールは変えられる」という考えを失わせ、「声を上げる人は生意気で痛いヤツ」という感覚を育ててしまう。

「主体性のある子どもを育てる」「自律的に学び続ける大人になっていってほしい」。こう日本中の先生たちは言うわけですが、まったくきれい事ではないでしょうか？「教育委員会や先生の言うことに黙って従うのが〝いい子〟」ではありませんよね？

子どもたちの力はすごい――任せてみるといい

私がコロナ前からも何年も感じている問題意識のひとつは、主体性や自律を学校教育の重要な価値、柱として掲げているにもかかわらず、実際にやっていることがそれと逆行していることです。「主体性」や「自律」をどう定義するか、意味付けるかはやっかいな問題ではありますが、かなりの学校は「言行不一致」なのです。

6　東京新聞2019年12月30日

もともと、運動会や文化祭などの学校行事は、児童生徒たちが参加してつくっていくことができやすい教育活動のひとつです。朝日新聞（20年5月31日）には、運動会・体育祭をどうするか、中学生がオンライン会議で話し合った事例が紹介されていました。ある生徒は、「もし中止になっても、勝手に決められたんじゃなくて話し合った結果なら、納得できる。意見を聴いてくれてうれしい」と話しました。

これまで何度か紹介してきた白川郷学園（小中一貫の義務教育学校）では、新型コロナの影響で修学旅行が延期になったことを受けて、9年生（中3）が修学旅行の行き先、プログラム、移動手段などを自分たちで企画しました。SDGs[7]を学んでいることを活かして、白川村と同様に観光が主力で、持続可能な地域づくりが課題となっている石川県の能登島にスタディ・ツアーとして、修学旅行の代替を行いました。そして、そのツアーで学んだことを、村長や村議の前で生徒たちがプレゼンまでやってのけたのです。

私自身は、NPOの立場から、中学生と高校生らが、地域課題解決に向けて動く課外活動を3年以上サポート・伴走し続けてきました（「市ケ尾ユースプロジェクト」）。

休校中も高校生や大学生（このプログラムの卒業生）がZoomで交流し、意見を出し合って、活動を進めました。高校生からは「オンラインでも顔を見て話し合うことで、元気になり、つながりを感じることができた」という声が上がりました。当初はやや閉塞した様子もあった高校生たちでしたが、どんな状況でも活動を止めなかったことは、よかったと思います。リモートと対面で議論を重ね、まちの魅力発信を進めたり、密を避けた広い公園でアートイベントを実施できたりしたことは、高校生らの自信につながりました。

おそらく、大人の私たちが想像する以上に、子どもたちの発想力や行動力はあります。ただし、意見を表明したり、ときには対立することを調整して合意形成したりする練習が、前述のとおり、これまであまりできていないので、多少の時間はかかりますし、試行錯誤や回り道もします。

大人は、学校行事や夏休みなどについて、子どもたち不在で勝手に決める前に、一度、子どもたちが自分たちで企画してみては、と提案したらよいのではないでしょうか。

ただし、任せるということは、放置とはちがいます。子どもたちだけでは視野が狭かったり、検討が甘かったりする部分はあるので、助言や提案が必要なときもあります。とはいえ、大人は干渉し過ぎないことが大事です。失敗やうまくいかないことも、学びのひとつなので、おおらかに構えたほうがよいと思います。

7　持続可能な開発目標（SDGs：Sustainable Development Goals）とは、２０１５年の国連サミットで採択された２０３０年までに持続可能でよりよい世界を目指す国際目標。

多くの教育関係者は、これまでの教育・学習では子どもたちに従順さを求め過ぎてきた部分はなかったか、本当に子どもたちの主体性やリーダーシップを育みたいなら、もっと子どもたちが自由にやれる機会や参画することを重視するべきではないかなどをよく振り返ってほしい、と思います。

問題② 学校、行政は子どもたちのウェルビーイング、福祉に冷淡過ぎる

問題の2点目は、学校や行政が子どもたちのウェルビーイング（幸福）や福祉のことを軽視してきたことです。[8] これは主に学校教育の「②子どもの安全と福祉を守る役割・機能」に関係します（加えて①、③も関連します）。

具体的には、ステイホーム期間中、ほとんど支援やケアがなく、電話を一本、二本入れたくらいのところも多かったという点、学校再開後は、つらい思いをしてきた子どもたちの思いと状況はそっちのけで、学校行事や夏休みのカットや土曜授業などに邁進してきたという点などを、ここでは問題視したいと思います。

手段はゼロか100かではない

休校にするとか、公共施設を閉鎖するといったような極端な政策を採るか（サービス提

供をなくすという意味で、「ゼロ」と表現します）、あるいは、これまで通り、例年通りで進めるか（「100」と表現します）。本当は、ゼロか100かという選択肢ばかりではなく、そのあいだ、ないし第三の道があったはずです。

たとえば、家にオンライン学習する環境がない子や、家にいては親子関係やきょうだい関係でつらいという子が勉強したり、遊んだりする空間が、休校中も学校内や公共図書館などであってもよかったのではないでしょうか。9時〜11時は小学生1〜3年生まで、最大で20人まで入れます、などと一定のルールを決めて運用すれば、感染リスクもそう高まらなかったことでしょう。一部の自治体では学校の一部を開放してICTによる学習の場を設けていました。英国では、学校を休校しても弱い立場の子たちには開けていたそうです。[9]

8　ウェルビーイングとは身体的・精神的・社会的に良好な状態にあることを意味し、幸福と訳されることが多いです。
2020年9月にユニセフが先進国の子どもたちの精神的・身体的な健康と、学力・社会的スキルについてランキングしたレポートを公表しました。このなかで、日本の子どもたちの精神的幸福度は37位で、ワースト2位であったことが報道等では注目されました。
ただし、精神的幸福度を国際比較で測定・評価することは簡単なことではなく、このレポートでは、最近の生活全般にどれくらい満足しているかという設問で、0〜10のうち「6」以上を選んだ生徒の割合という指標と、15〜19歳の自殺率という2つの指標から算出しているに過ぎません。自殺が多いことは本書でも述べているように大きな問題ですが、日本は10万人当たり7・5人で、この調査の参加国平均6・5人より少し多いというもので、調査対象国41カ国中30位です。生活の満足度はこの聞き方で精神的な幸福度を示す指標として妥当かどうかは疑問符のつくことだと思いますし、ワースト2位をことさらに悲観的に見るのはどうかと思います。

9　朝日新聞2020年4月20日

また、給食のない期間が長引いたことも問題視されるべきだと思います。夏休み明けは、かなり痩せて来る子もいることは、度々報道されてきましたが、都市部等では通常の夏休みよりも長い休校になりました。子ども食堂などもクローズしている例も多かったです。

そうしたなか、藤沢市では20年4月中旬からおにぎりやパンなどの軽食を学校で提供する取り組みを始めました[10]。尼崎市では生活困窮世帯の子どもらを対象に、指定弁当店で使える昼食券を配布しました[11]。

「どうせ大したことはできない」「既に予算で決まっていて、変えるのは大変だから」といった発想ではなく、本当に支援を必要としている子どもたちのために、できることはないか探すのが、公務員の仕事というものでしょう。

平等重視で行動に移せないままでは、結果的に格差拡大で、平等にならない

公立学校等でオンライン授業やクラウドサービスの活用などがあまり進まなかった背景には、個人情報保護や自治体のセキュリティポリシーの問題などが壁となっていたことが

ありました。しかし、そうした問題は自治体の手続きを改正することなどで対応できたはずです。[12]

もっと大きかったのは、教育関係者（教育長、教育委員会職員、校長、教職員ら）に浸透している**「平等志向」「平等信仰」**とも呼べることです。

教育長や校長らがよくおっしゃったのは「ネットを活用する学習は、家庭にパソコン、タブレットやネット環境がない子たちが利用できないので、不平等になる。だからやらない」という理屈でした。

家庭状況への配慮はとても大切です。ですが、そう言っている教育委員会等のうち、果

10 NHKニュース2020年4月16日
11 神戸新聞2020年4月14日
12 多くの自治体では、個人情報が入っているシステムを外部と接続することを条例で禁止していて、これがオンライン授業等の壁となっています（オンライン結合の禁止）。制限している自治体は47都道府県中44団体（93.6%）、1741市区町村中1625団体（93.3%）にも上ります（総務省「地方自治情報管理概要」2019年4月1日現在）。

ただし、二点留意することがあります。第一に、2017年5月19日の総務省通知では、国の行政機関では禁止していないことを明示した上で、自治体でも見直しが必要であることを明記しています。ですから、そもそもオンライン結合禁止という自治体のローカルルールを条例改正して撤廃していく必要があります。

第二に、多くの場合、現行でも各自治体の個人情報保護審査会を通すことでこの規制をクリアできます。ただし、この審査会を開くまでの手続きが煩雑で教育委員会職員にとって負担であるという問題も指摘されています。そうした事情もわかりますが、休校中の子どもたちの学びを放置するデメリットを考えると、教育委員会は早急に動くべきだったと言えるでしょう。

たして何パーセントが、学校や図書館等のパソコンやネット環境をそういう子どもたちに開放したでしょうか。自治体によってはポケットWi-Fiを貸し出したところまでありますが（広島県等）、管見《かんけん》の限り少数です。

平等が大事だからといって、立ち止まっていては、それはゼロ。**結局、家庭任せで、家庭の経済状況や教育熱心さで格差が広がり、不平等になります。**

教育格差が拡大している可能性

こうしたなか、3カ月前後にも及んだ休校の影響で、教育格差が拡大している可能性があります。教育格差とは、家計の状態や親の学歴など、児童生徒本人ではどうしようもないことが原因となって、学習経験や学力などが異なってくることを指します。

内閣府が2020年6月に保護者向けに実施した調査[13]をもとに、多喜弘文准教授（法政大学）と松岡亮二准教授（早稲田大学）が分析したところ、世帯年収が低い家庭の子どもは、高い家庭の子に比べ、学校でも学校外でもオンライン教育を受ける機会が大幅に少なかったことがわかりました（図3－3）。また、親の学歴（大卒かどうか）によってもオン

13　末子が小学生757人、中学生253人、高校生（含：高専生）264人の保護者が回答。中高生の保護者の回答はそれほど多くないことなどには注意を要します。

図3−3　オンライン教育の受講割合
（グラフ上：世帯収入別、グラフ下：親の学歴別）

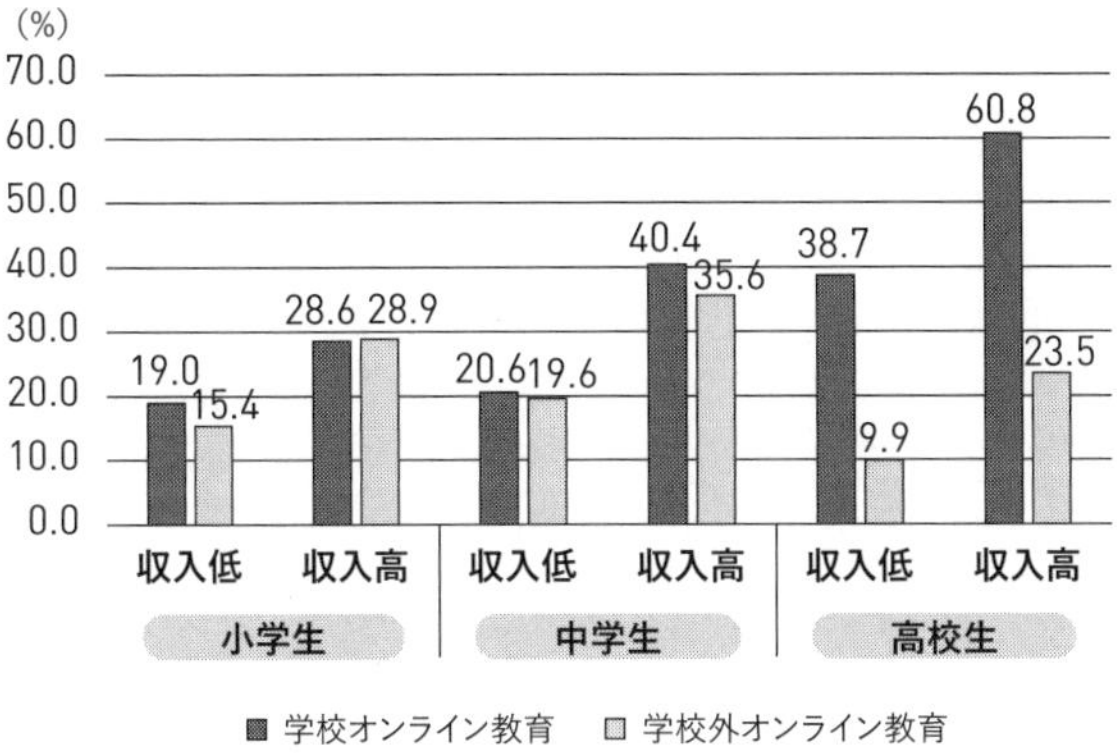

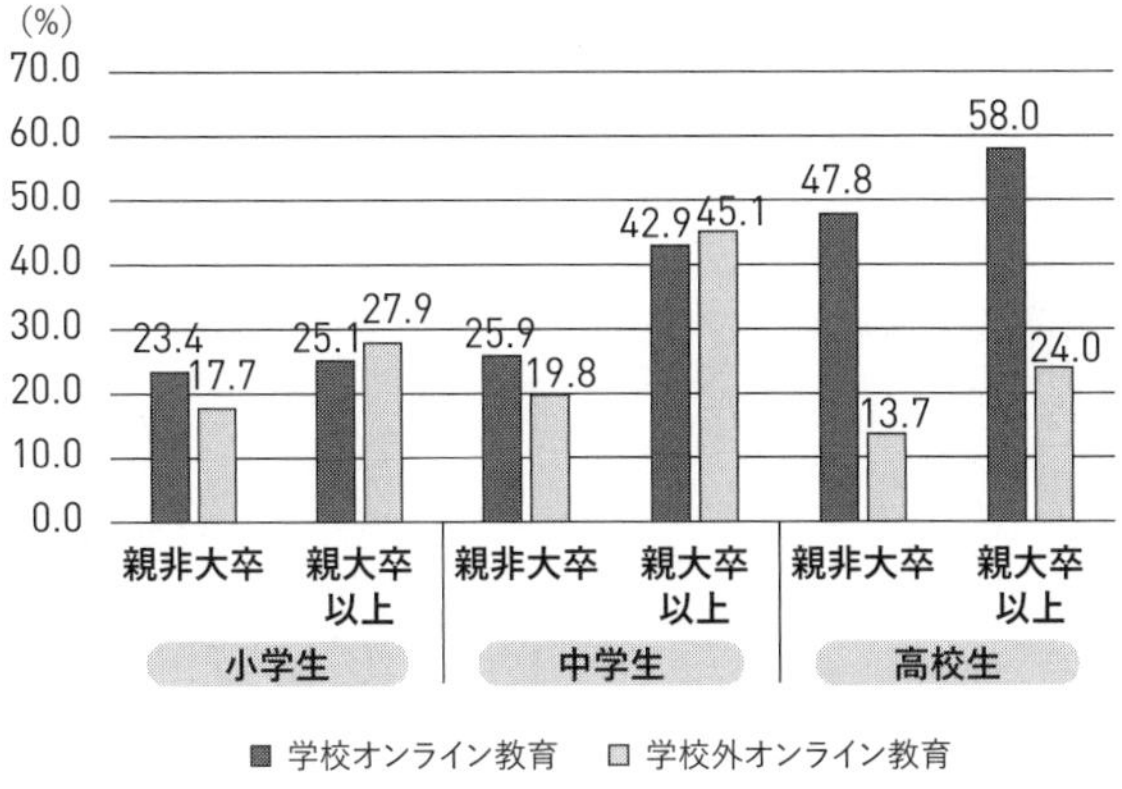

（注）世帯収入：世帯全体の年収（税・社会保険料込）が600万円未満かそれ以上か

出所）多喜弘文・松岡亮二「新型コロナ禍におけるオンライン教育と機会の不平等」（2020 年9月19日）

ライン教育を受けた割合が異なります。さらには、図は省略しますが、三大都市圏のほうが非三大都市圏よりもオンライン教育を受けた割合が高い傾向を示しました。

学校外のオンライン教育とは塾や習い事でのことです。もともと経済力のある家庭のほうが塾等にも通わせやすいですし、この結果は、よく理解できる傾向かと思います。

一方、学校でのオンライン教育については、ひとつの学校で世帯収入が高い子どもだけを取り出してオンラインで授業等を実施したとは考えにくいので、比較的裕福な家庭が多い地域や学校では、たとえば、家庭にあるデバイスを活用させてもらうなどして、オンライン授業等を進めやすく、そうではない地域・学校ではオンライン授業等を進めにくかったということでしょう。この点は、後述する露口教授らの分析とも整合的です（第4章）。

三菱ＵＦＪリサーチ＆コンサルティングが20年6月に実施したアンケート調査[14]によると、世帯年収が４００万円未満の場合、パソコン・タブレットのいずれも保有していない比率は約３割であり、４００万円以上の世帯よりも多い傾向が確認できました。

また、休校前の勉強時間を学校での成績別にみると、もともと成績の高かった子どもほど勉強時間が長い傾向がありますが、臨時休校後は、全体として勉強時間は低下しており、その低下幅はもともと学力の低かった子どもほど大きいことがわかりました。

加えて、同社の分析のなかで重要なのは、新型コロナの子どもの健康や生活習慣への影響です。これらについても、家庭の経済状態等によって差があることがわかりました（図3－4）。とりわけ起床・就寝時刻や食生活は世帯所得との相関が強く、所得の低い世帯では新型コロナ流行後に特に悪化していることがわかります。また、一人親家庭の場合は、すべての項目で全体平均よりも悪化しています。

多喜准教授・松岡准教授や三菱ＵＦＪリサーチ＆コンサルティングの分析結果を踏まえると、**休校中の子どもたちの学びや健康状態は、家庭の経済力や親の学歴などの影響を受け、相当ちがっていた可能性が高いと言えます。**そうした学習経験等のちがいが実際のテストの成績などにもどれほど影響するかは、別途調査をしないとわかりませんが、家庭環境のちがいが、子どもたちの学力格差、そしていわば「健康格差」にもなっていくかもしれません。

海外に目を転じてみても、日本と類似する問題が懸念されています。イングランドでの20年5月の大規模調査（約２１００校、約３０００人の学校管理職と教師が回答）によると、

14　小学生から高校生までの子どもがいる世帯の親２０００人に調査。ただし、インターネット会社のモニターが回答したものであるため、ＩＣＴ活用状況などについてはバイアスがある可能性がある。
三菱ＵＦＪリサーチ＆コンサルティング「新型コロナウイルス感染症によって拡大する教育格差」２０２０年8月21日

図3−4　新型コロナ流行前後での生活習慣や健康状態等の変化：世帯所得別・世帯構造別

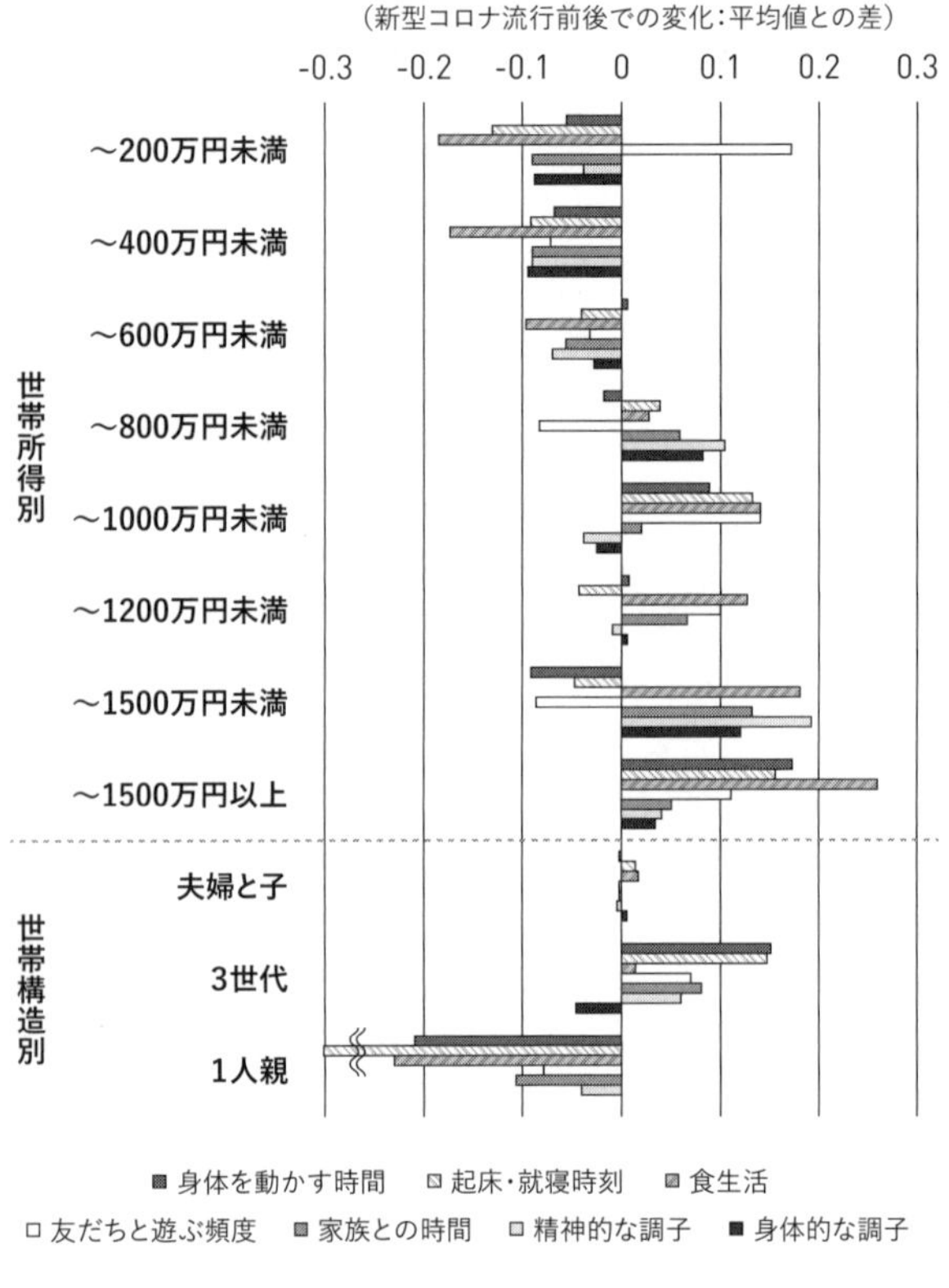

(注)全体平均(=0)に比べて、悪化しているときには負の値を、悪化していないときには正の値を示している。

出所)三菱UFJリサーチ&コンサルティング「新型コロナウイルス感染症によって拡大する教育格差」

図3－5　イングランドにおける児童生徒の経済的背景別にみた学校による遠隔学習活動の取り組み

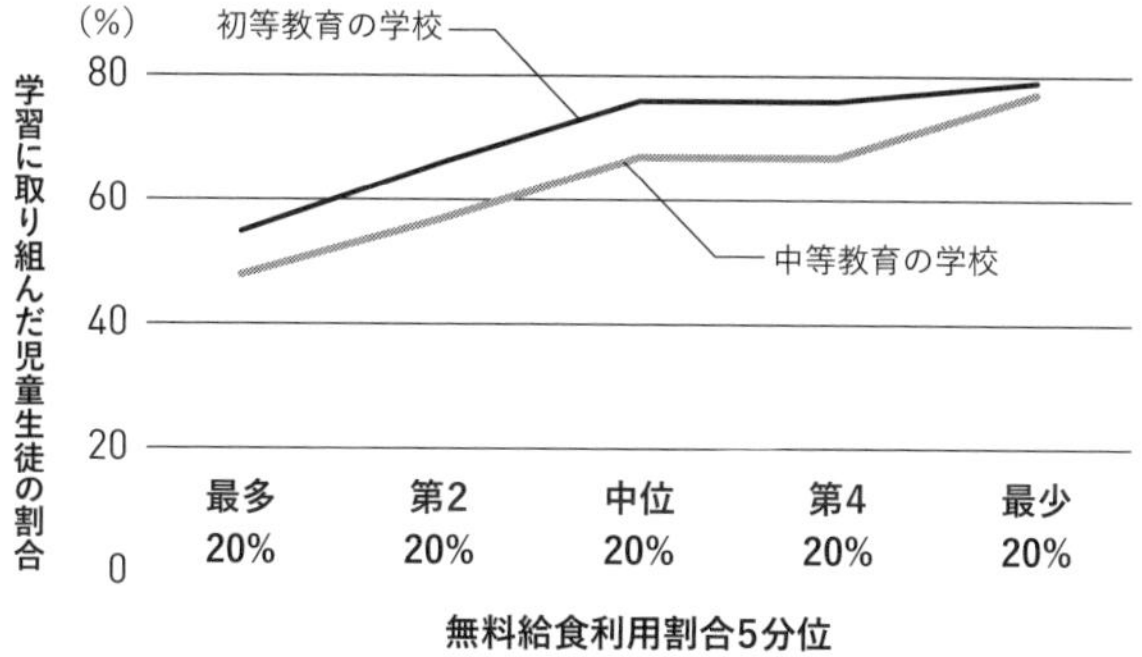

出所）国立教育政策研究所令和2年度教育改革国際シンポジウムでのジュリー・ネルソン博士による発表資料（2021年2月16日）

経済的背景が厳しい児童生徒の多い学校ほど、遠隔での学習に取り組んだ生徒の割合は低い傾向がありました（図3－5）。

　要約すると、教育委員会や校長が平等信仰のもとで手をこまねいているあいだに、子どもたち本人にはどうしようもない理由によって、子どもの学びの機会や福祉には、相当な差が拡大してしまっている可能性が高いのです。

子どもの心よりも授業の遅れや学力テストを心配

　鈴木寛教授（東大・慶大、元文科副大臣）は「学校現場では、子どもたちの心のケアよりも、授業の遅れのことばかりを気にしている」と最近寄稿しています。[15] この光景は、東日本大震災から数カ月経ったあと、東北の学校を視察したときに見たことと重なり、「震災のときの教訓が十分に共有されていない」と述べています。

　鈴木さんの見立てや、本書で私が申し上げていることが当たっているかどうかは、もちろん、学校にもよるでしょう。十把《じっぱ》一絡《ひとから》げに論じるのは乱暴です。ですが、本当に大切にしたいことを大切にできているだろうか、という振り返りは重要だと思います。

　私自身への反省を込めて申し上げますが、われわれ大人は「休校中の（学習の）遅れを取り戻せ」と言い過ぎてしまったのではないでしょうか。文科省が20年6月初旬に発表した「学びの保障」総合対策パッケージにおいても、「あらゆる手段を活用し、学びを取り戻す」とあります。20年7月のNHKのニュース番組でも「どう取り戻す？〝学習の遅れ〟」という特集が組まれました。

「学習の遅れ」とはなんなのか、なにができれば遅れを取り戻したと言えるのか。論者や受け止めた教育関係者によっても意味合いは異なっていました。「教科書をともかく終わらせないと」という発想では不十分だった、ということは前述したとおりですし、遅れを取り戻すことよりも大切なことを見過ごしてしまったように思います。

そして、「学習の遅れを取り戻せ」というかけ声に押されるようなかたちで、夏休みの大幅短縮や土曜授業の増加などを進めた学校は多くありました。

一例として、神戸市教育委員会が作成した「授業時数確保の考え方（中学校）」という資料によると、夏休みを16日にする、水曜は7時間目まで設定する、行事の縮減を図ることで、年間１０７０時間前後の授業時間を確保することを「モデル」としています。

文科省が学習指導要領で定める中学校の標準的な授業時間数は、各学年で年間１０１５時間ですから、約2カ月間の休校があったにもかかわらず、神戸市では標準よりも50時間近く上乗せする方針で進みました。

今回のような感染症や災害が起きたときには、標準的な時数を下回ってもやむを得ないと文科省も再三発信してきたのに、ともかく授業時間を例年並みに回復せよ、というわけです。

学力テスト対策のことを意識したのかもしれませんが、ここでも手段の目的化ではないかと疑わしいことが起きています。授業や学びの中身、子どもたちや教職員に与えるマイナス影響や負担についての関心は、少なくともこの資料からは見えてきません。

15　教育新聞「3・11から10年　教育現場が歩んだ光と影」２０２1年3月1日

「息継ぎせずに泳ぎ続けているような日々」。

これは神戸市内のある校長の言葉です。[16] 生徒のなかにも「わからなくても言いにくい。いつの間にかどんどん進んでいる」との声も出ています。

こうした声が全体を代表しているとは限りませんし、たまたま情報が公開されていた神戸市だけで起きていることでもありません。ですが、子どもたちへの負担やマイナス影響に十二分に配慮した政策が望まれる、と私は考えます。

問題③ 保護者と学校との亀裂が拡大している

3番目の問題は、保護者からの信頼の低下です。

図3－6のデータは、私が20年5月に保護者向けに実施したアンケートのものですが、いささかショッキングでした。「休校中の学校からのコミュニケーションや働きかけが少なく（または満足できるものではなく）、信頼感が下がったかどうか」について聞いたものです。

公立小・中学校の保護者は、Ｙｅｓ、Ｎｏがくっきり分かれました。**公立小の保護者の**

16 神戸新聞２０２０年7月28日

図3−6　休校中の学校からのコミュニケーションや働きかけが少なく(または満足できるものではなく)、信頼感が下がったか

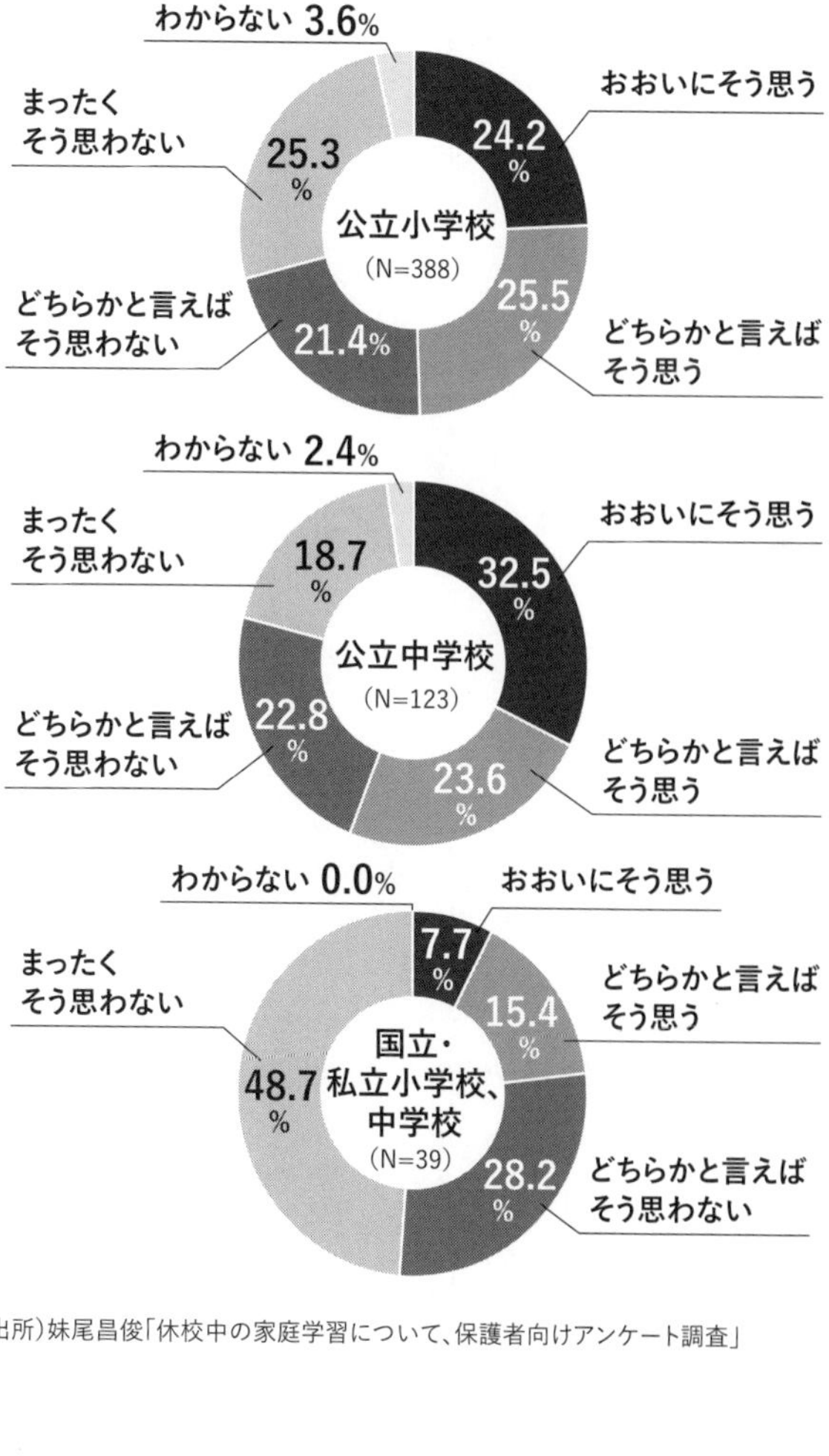

出所)妹尾昌俊「休校中の家庭学習について、保護者向けアンケート調査」

約50％、公立中の保護者の約56％が「信頼感が下がった」と回答しました。

国立・私立学校では、予算や家庭環境などで公立とはちがうので、一概に比較はできませんし、回答数も少ないことにはご注意いただきたいですが、公立校とはかなり差があります。

学校への不満が高まり、信頼が落ちている原因は、新型コロナの影響で、保護者もストレスフルな毎日だったから、という事情もあったことでしょう。ですが、ならば、校種を問わず、もっと似た結果になりそうなものです。やはり、学校ごとの対応の差が、保護者の不信という結果にもあらわれているのではないでしょうか。

もっとも、今回のアンケート調査は前述のとおり、サンプリングに偏りがある可能性があるので、額面通りに受け取るのは危険かもしれません。しかし、仮に半分の割合の2～3割の保護者が信頼を落としたと言っているとしても、憂慮するべき数字だと私は思います。

たとえば、あなたが飲食店の店長さんだとしましょう。常連のお客さまの2～3割が「最近この店はマズくなったね。もう来たくないよ」と噂《うわさ》しているとしたら。「客の単なるワガママだ」「本社が予算をとってくれないからだ」などと言ってはいられないはずです[17]。

先に紹介した石井英真准教授もこう綴っています（強調は引用者）[18]。

親としても目の当たりにした、身動きが取れない学校現場。その背景に構造的な問題があるため、それぞれが何とかしないといけないと思っているのに動けず、学校内、学校と家庭・地域、学校現場と教育行政、教育委員会と文部科学省などの間で、それぞれの立場から見えている風景の違いが相互不信を高めていく。**このままでは、修復が難しいくらいに世の中の学校不信が高まってしまいかねない。**

いくつか保護者の実際の声を紹介しておきます。

宿題をさせきれずたまっていく一方で、どんどん課題が追加されて途方にくれることもあった。自分で計画的に取り組める子には良いかもしれないが、それが難しい子には家庭の負担が大きすぎ親子関係が悪くなっていった。

オンラインで授業や課題を毎日提出させるなど先生がもっと踏み込んで関わって欲

17　文科省と自治体との関係は対等ですし、教育委員会と学校との関係も一部は指揮命令ですが、タテの関係という要素ばかりではありません。校長のほうが権限、裁量がある領域もあります。ですから、文科省や教育委員会を「本社」、各学校を「支社」あるいは「現場」と比喩的に言うのは少し正確さに欠けます。なお、私は、文科省や教育委員会にも問題は多々あったと考えています。

18　石井英真（2020）『未来の学校　ポスト・コロナの公教育のリデザイン』日本標準　P4

しかったと思う。全部保護者や子どもに丸投げな印象であった。

（公立小学校5～6年生の母親）

宿題の質が悪く量が多いことに気づき、宿題に取り組むことに意味があるのか疑問に思った。やる必要のなさそうなものも、提出ノルマがあるので仕方なくやらせたが…。

今後、学校だけに任せていて大丈夫なのか、考え直すきっかけになり、通信教育の教材を新たに始めた。

（公立小学校1～2年生の母親）

学校から出た課題の質はとても低く、ただの作業になるだけのものばかりで、家庭学習に対して意欲的に取り組んでいた子どもたちが消極的になり、この質の悪い課題を終わらせるまで子どもたちの学習能力の向上が止まってしまうことがとても残念。公立の教員の質の低さを改めて感じ、私学に転校させることを検討中。

（公立小5～6年生の母親）

誤解しないでいただきたいのは、あくまでもこうした声は一部であり、過半数などではありませんでした。ですが、こうした不満、不信がマグマのほんの一部分である可能性もあります。

学校と保護者との間には**大きな亀裂が生まれてしまった、分断してしまった**、とさえ言えます。

保護者とコミュニケーションをとる努力ができていたか?

どうして、こんなに保護者の信頼は落ちてしまったのでしょうか。十分には検証できていない、傍証《ぼうしょう》となりますが、3つの背景に整理します。

背景のひとつは、休校措置によってコミュニケーションの頻度も量も少なくなり、保護者からすれば、学校側、教員側の思いや努力が、あまりにもわからなくなったことです。

ヒントになる学術研究があります（コロナ状況下での検証結果ではありませんが）。露口健司教授（愛媛大学）は、母親の学校信頼の高低は何の影響を受けるか、統計分析を用いて検証しました。[19] 要点は図3－7のとおりです。

19 露口健司（2012）『学校組織の信頼』大学教育出版

図3−7　母親の学校への信頼に影響する要因の仮説と検証結果

■ **相互作用要因**

①誠実性：学校は私の意向をくみ取ってくれる、学校は親しみやすくて話しやすい、学校は子どものよさをよく理解してくれている等と母親が感じているか

➡小中学校とも、学校への信頼へ影響

②有能性：学校は私の子どもの規範意識の形成に貢献している、学校は私の子どもの学力を高めている等と母親が感じているか

➡小学校ではやや影響、中学校では影響なし

③充実性：PTAの役員は充実感をもって活動している、PTA活動は充実感がある、保護者ボランティアの方々は充実感をもって活動している等と母親が感じているか

➡小中学校とも、学校への信頼へ影響

④公開性：学校はマイナス情報についても説明してくれる、学校は各教師のこれまでの経験や研修活動の様子を話してくれる等と母親が感じているか

➡小中学校とも影響なし

■ **学力成果要因：**国語と算数・数学のCRT学力テストスコアを利用。現状の到達度と変容度（1年間の伸び）

➡小中学校とも影響なし

■ **属性要因：**母親の就労の有無、帰宅時間（20時以降かどうか）、居住年数（5年未満かどうか）、子どもの通塾の有無

➡小中学校とも影響なし

出所）露口健司『学校組織の信頼』（大学教育出版）をもとに要約

意外にも、母親の属性（就労の有無など）や子どもの学力の伸びは、学校への信頼にほとんど影響しませんでした。

注目するべきは、相互作用要因です。研究から示唆されるのは、情報を一生懸命公開するだけでは不十分だということです。学校は私の意向をくみ取ってくれる、親しみやすいなどの誠実性を感じられるコミュニケーションが重要なこと、また学校側の姿勢だけではなく、ＰＴＡ活動や保護者ボランティアなどの充実性が高いと学校への信頼も高まるということがわかりました。

図解すると、次のようなケースも多かったと考えられます（図３－８）。学校からのコミュニケーションが一方的で、量も少ないし、趣旨も十分に伝わらない。子どもは宿題なんてイヤだと言っている。そんななかで、保護者のイライラと学校への不信が募るわけです。**保護者の不満や不信感が高まると、学校はクレームなどを恐れて、さらに情報を積極的に出そうとしなくなります。悪循環です。**

オンラインでもオフラインでも、一往復でも二往復でも、学校と子どもたちがもっとつながっていれば、おそらく、約半数の保護者の信頼が下がったという結果にはなっていなかったのではないでしょうか。

図3−8　学校と保護者との関係の悪循環

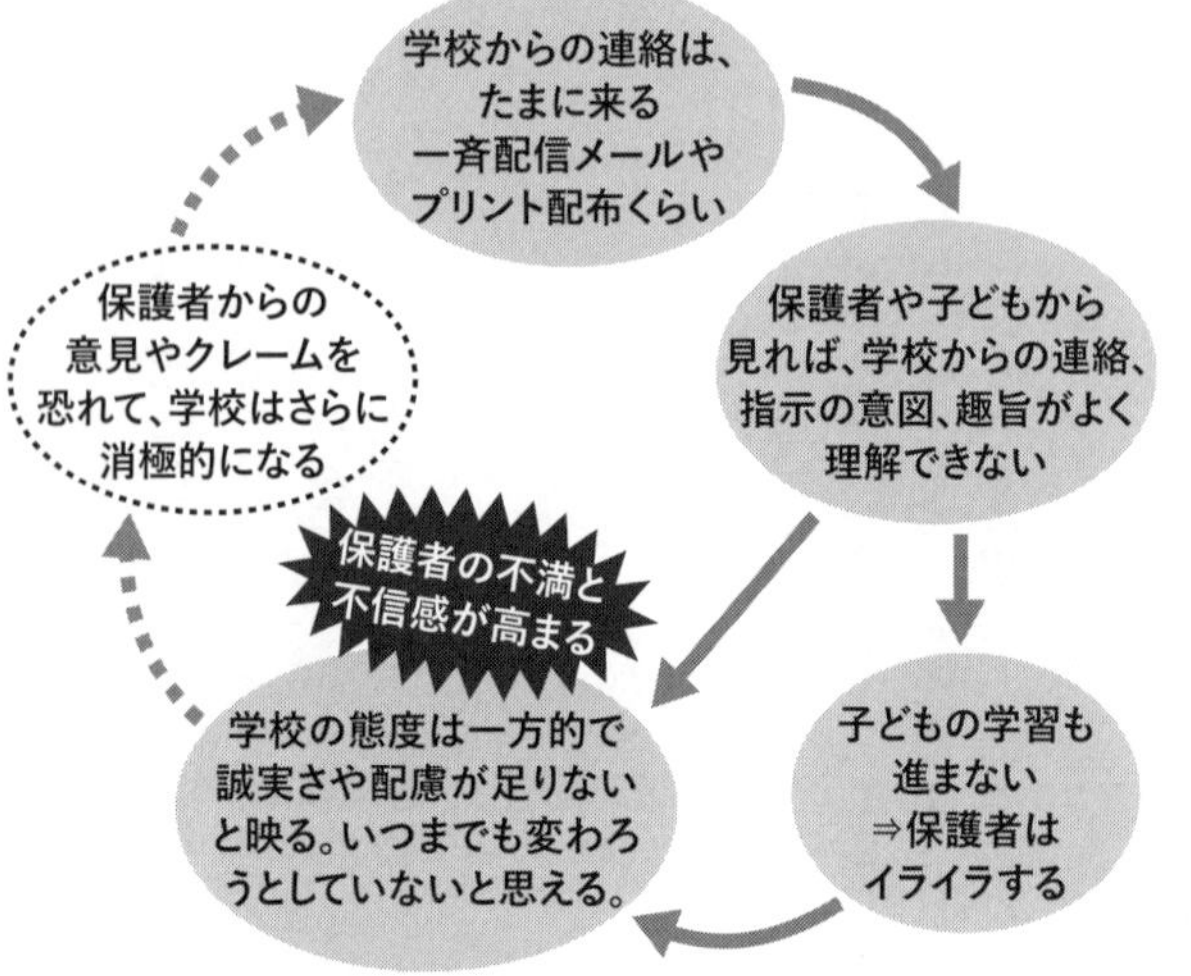
学校からの連絡は、
たまに来る
一斉配信メールや
プリント配布くらい
保護者や子どもから
見れば、学校からの連絡、
指示の意図、趣旨がよく
理解できない
子どもの学習も
進まない
⇒保護者は
イライラする
保護者の不満と
不信感が高まる
学校の態度は一方的で
誠実さや配慮が足りない
と映る。いつまでも変わろ
うとしていないと思える。
保護者からの
意見やクレームを
恐れて、学校はさらに
消極的になる

学校行事などについても、もっと子どもたちや保護者の意見表明の機会や参画があれば、保護者の信頼につながっていたはずです。先ほどの露口先生の研究で、保護者活動の充実度が学校への信頼に影響するということを思い出してください。たとえば、「例年通りの修学旅行は無理になりました。代替となる案を学校としても考えていますが、児童生徒や保護者からのアイデアや意見もください」と呼びかけた学校は、どれくらいあったでしょうか？

「きめ細かなケアが難しい家庭」への想像が欠如している

2つ目の背景は、「ケアが必要な家庭に対する想像力の欠如」です。保護者の不満、もっと言えば、怒りは、学校側が保護者にとって「むちゃぶり」とも思える宿題の出し方をしているケースもあったためです。

たとえば、学校からの連絡で「朝9：00～9：45は国語のここの音読をやって、おうちの人に聞いてもらいましょう」となっていても、その時間、仕事や下の子の育児などをしている保護者もたくさんいました。学校側は例示のつもりだったとしても、真面目な保護者ほど、自分の仕事や育児と子どもの学習支援のあいだで板挟みになりました。

また、ホームページにアップされた課題・宿題をプリントアウトしろと言われても、プリンターがない家庭もかなりに上ります。

貧困家庭や新型コロナの影響で家計が急変した世帯、外国人で日本語が不自由な家庭等では、家庭の役割と負荷が高まったことは一層大きな負担となりました。

さまざまな家庭があることは、学校の先生たちもよく承知しているはずですが、そのケアや目配りがあまりにもないように感じた。これが保護者の信頼を低下させた背景のひとつだと思います。

学校再開後も「保護者とのつながりの薄さ」を改善しなかった

最後、3つ目の背景、問題は、再開後も保護者と学校とのコミュニケーションは少ないままだったことです。もちろん、これは地域・学校ごとに程度の差はありますから、一概に言える話ではありませんが、感染予防のため、保護者や地域の人の来校はなるべくお断りという学校も少なくありません（本書執筆時点でもこの状況は継続中です）。

ある学校では、2021年1月に再び緊急事態宣言が出され、授業参観や学年・学級懇談会ができないなか、保護者アンケートでは「保護者をばい菌（ウイルス）扱いするのか」というコメントが寄せられました。

もちろん、感染予防対策が重要であることはどの保護者も承知していることではありません。コロナ禍では保護者が大勢で来校して密集してしまうのは避けるべきでしょう。ですが、もっと別の方法でコミュニケーションを取る方法はあるはずです。たとえば、ウェブ会議システムを使った授業参観（ライブ配信）や学級懇談会を行った学校もありますが、大半がそうというわけではないようです。**休校中あれだけ連絡・コミュニケーション手段が脆弱だったことが身に染みたはずなのに、学校からの連絡は相変わらず、一斉配信メールとお便り（プリント）という学校もまだまだ多くあります。**

問題④　疲弊する現場、教師の仕事はまだまだビルド&ビルド

さて、話を日本の教育の弱点に戻すと、4点目は、先生たちはとても忙しいという問題です。これはコロナ前からも深刻な問題で、日本の小学校と中学校の教員の勤務時間は、他国を大きく引き離して世界一長いです（OECDのTALIS調査、2018年）。国際比較データはありませんが、高校の先生も相当多忙であることは確かです（部活動が長いところもあれば、進路指導関係が大変なところなど、さまざまです）。

この背景にはさまざまな事情がありますが、ひとつは近年の学習指導要領改訂で、教える内容は増え続けてきましたから（教科書も厚くなる傾向）、授業とその準備にも時間はかかります。ICTの導入も遅いので、採点や事務作業の効率化が進んでいない学校も多いです。同時に、部活動をはじめ、授業以外の負担も重いためです。学校の働き方改革の動きが、国でも自治体でも少しずつ始まったわけですが（たとえば、中央教育審議会で緊急提言が出たのが2017年、スポーツ庁で運動部活動のガイドラインができたのが2018年でした）、新型コロナウイルスの影響で、「働き方改革なんて言っていられる状況じゃない」というムードの学校もかなりに上ったようです。

実際、学校再開後は授業時間（週あたり）を増やした学校もありましたし、消毒、清掃、

検温チェックなどが先生たちの業務として加わった学校も多くありました。部活動は感染リスクの高いことは避けるため、活動量が減った学校や分散的に行う例もありましたが、例年の熱血指導に戻った学校もありました。

教職員の仕事は「スクラップ&ビルド」でなく、「ビルド&ビルド」でコロナ前から今日まできています。

緊急事態ですから、突発的な業務が発生して、仕方がない側面はあったことでしょう。ですが、同時に言えることは、重大なことが多い緊急事態だからこそ、優先順位を考えて行動しないと、目の前のことに追われる日々になってしまい、本当に大事なところに人手も時間もかけられなくなります。

たとえば、子どもたちの心のケア、それから休校中にあまり学習が進まなかった（あるいは勉強嫌いになってしまった）児童生徒にどういう教材や支援がよいか検討することは、優先度が高いことでしょう。ところが、これらが十分とは言えなかった学校もあったことは、これまで述べてきたとおりです。また、消毒作業などは外部委託したり、別のスタッフを雇ったりすることが効果的で、国等も支援しています。

学校再開後はコロナ前の忙しさに戻っている

休校中は、小中高のほとんどの先生にとって、新型コロナのことで精神的にはキツかったでしょうが、授業も部活動も生徒指導もないなか、残業時間は格段に減りました。[20]「こんなに家族と夕食を食べたことはない」と言う先生もいました。しかし、学校再開後はまた忙しい日々に戻ってしまい、せっかくワーク・ライフ・バランスがよかった状態から〝リバウンド〟してしまった人も多いようです。

図3－9は石川県内の公立小中高の時間外勤務の状況です（2020年10～12月）。なぜ石川県を取り上げたかというと、私が知るかぎり、他自治体と比べて情報公開が進んでいて、データを確認することができますし、サンプル数も多いためです。

どの校種も昨年度、一昨年と比べて、80時間超の人は減っているのはグッドニュースですが、中学校では2割近くいます。また、小中高ともに45～80時間の人も相当数いますｓ（4～5割）。時間外が月45時間を超えると過労死等の健康障害のリスクは徐々に高まっていきますし、民間企業（私立学校を含む）では、改正された労働基準法のもと、月45時間

20　特別支援学校については、休校にしたところもあれば、生徒の受け入れを継続したところもあります。

図3−9　石川県の各学校における2020年10〜12月の時間外勤務時間の分布

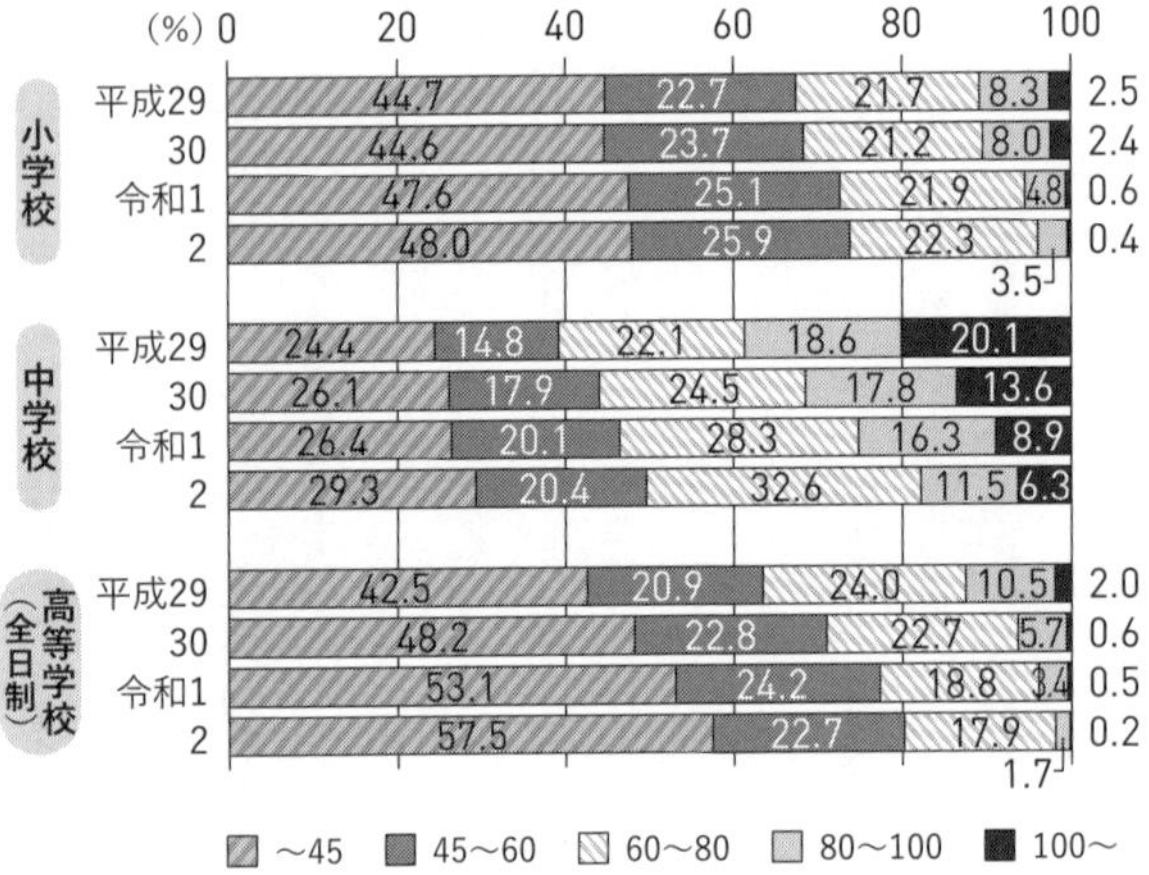

出所）石川県教育委員会「教職員勤務時間調査の集計結果」

以内が原則です。まだまだ多くの先生が月45時間以上のハードワークをしています。

同じ石川県の調査によると、いわゆる過労死ラインと呼ばれる時間外勤務が月80時間超の人は、20年6月は小学校で9・9％、中学校で22・2％、高校（全日制）で5・2％、9月は小学校で4・1％、中学校26・8％、高校（全日制）7・2％でした。やはり、学校再開後は長い超過勤務を余儀なくされている人も多いのです。

ただし、以上の数字にはすべて自宅等への持ち帰りは含んでいません。実際は、多くの先生は表に出る数字以上に働いている可能性が高いです。[21]

図3－10　横浜市立学校における時間外勤務が月80時間超の教職員の割合（令和2年度2月までの実績）

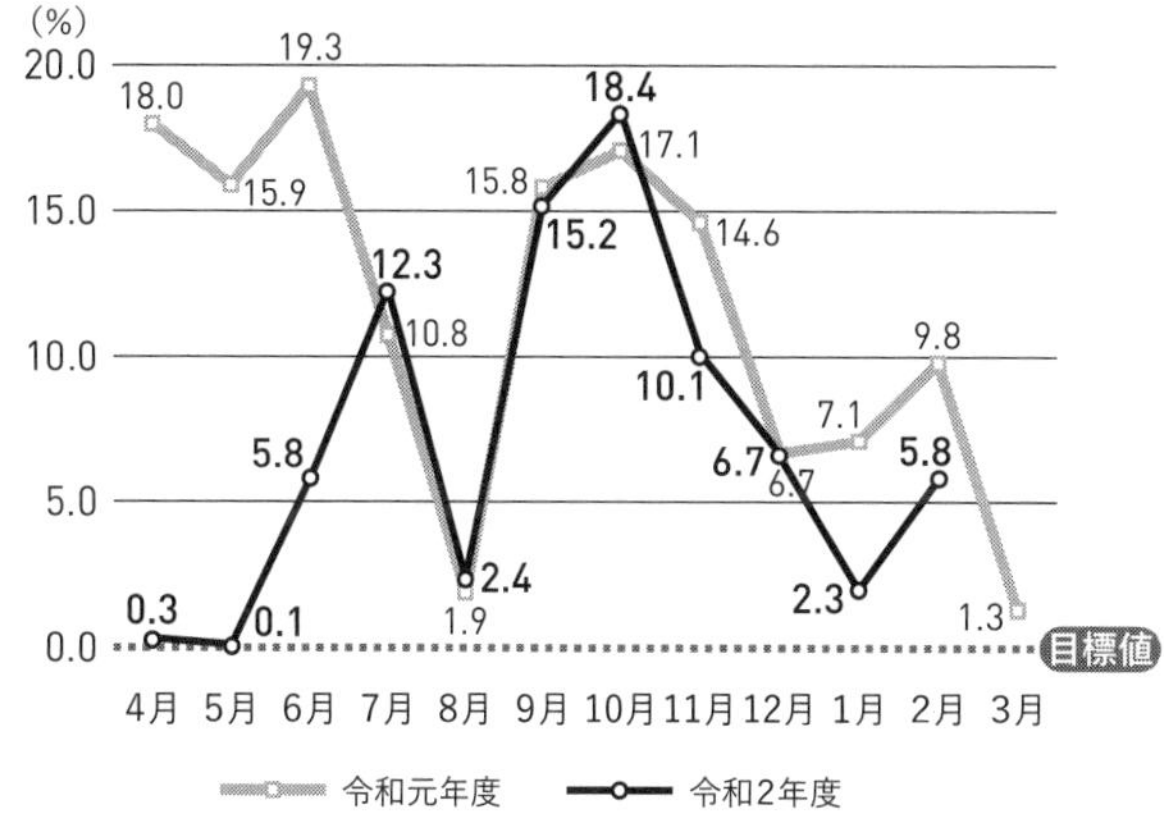

出所）横浜市教育委員会Smile働き方改革通信No.11（令和3年3月）

次に、これもデータがオープンになっている横浜市立学校について見てみましょう（図3－10）。ここでは月80時間超の教職員の割合の推移を示しましたが、2020年7月以降、ほぼ昨年度並の数字に戻っていることがわかります。こちらも持ち帰り残業などは把

21　公立学校においても時間外（正確には在校等時間）は多くても原則45時間までという国のガイドライン（後に法的な根拠をもつ指針に）が2019年にできました。これを受けて、2019年度、2020年度くらいから各教育委員会と学校の多くでは、勤務時間を縮減するように、教職員に働きかけるプレッシャーは強くなっています。民間企業でも〝ジタハラ〟（時間短縮ばかり圧力をかけるハラスメントという意味）と呼ばれることもありますが、公立学校でも、残り仕事は持ち帰ったり、タイムカード・ICカード等を打刻したあとも残業を続けていたりするケースが報告されています。そのため、教育委員会が把握しているデータ上、残業削減、働き方改革が進んでいるように見えても、それは見かけ上のものである可能性もあります。

握できていません。

授業準備する余裕すらない教師たち

依然として忙し過ぎるとも言える先生たち。この状況はなにに影響するでしょうか？

コロナ前のものですが、参考となるデータを確認しましょう。愛知教育大学等が全国の先生に実施した大規模な調査（2015年実施）によると、仕事の悩みとして「授業の準備をする時間が足りない」という人は、小学校94・5％、中学校84・4％、高校77・8％にもなります（図3－11）[22]。「仕事に追われて生活のゆとりがない」という教員も7割前後に上ります。

「子どもが何を考えているかわからない」という悩みも小学校の約25％、中高の4割近くに上ります。

これほど、先生たちは忙しく、余裕がなく、また生徒理解でも苦しんでいるのです。はたして、これでいい授業ができるでしょうか？

22　愛知教育大学・北海道教育大学・東京学芸大学・大阪教育大学（2016）『教員の仕事と意識に関する調査』。全国の小学校教員1482人、中学校教員1753人、高校教員2138人が回答（管理職は対象外）。

図3−11　教員の仕事の悩み・不満

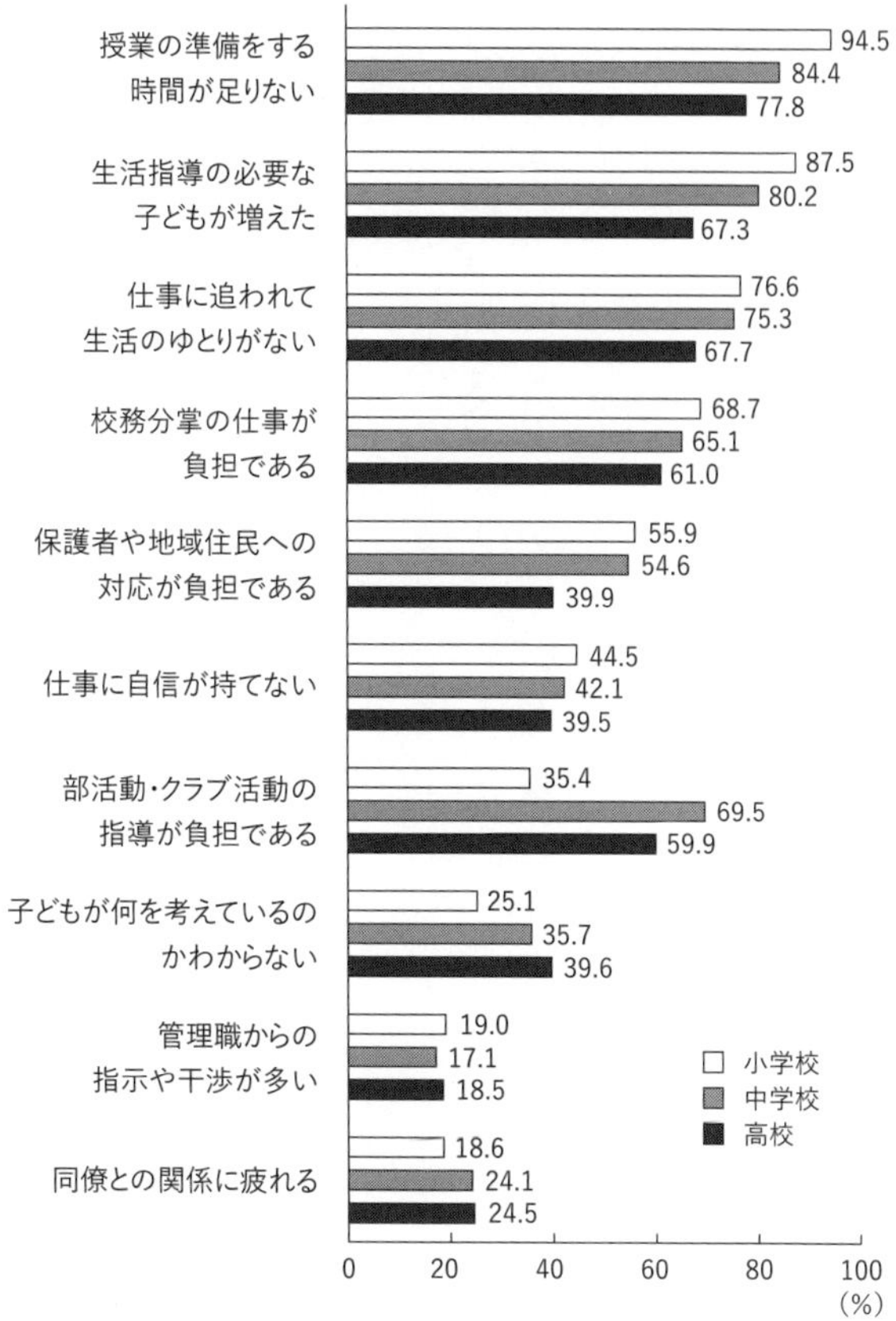

出所）愛知教育大学等「教員の仕事と意識に関する調査」（2015年実施）

以上はコロナの前の話でした。そこで私は20年6月に似たアンケート項目で教職員向けに尋《たず》ねました（図3－12）。

「授業の準備をする時間が足りない」「仕事に追われて生活のゆとりがない」という回答は小中の先生の約8割に上りました。高校でも7割前後がそう回答しています。先の調査とはサンプリングもサンプル数も異なるので、一概に比較はできませんが、コロナ前の問題がコロナ状況下でも続いている状態と言えそうです。

むしろ、学校の消毒や清掃、児童生徒の検温チェック、各種書類作成（コロナ対策をやってますという文書作成など）、そして授業時間の増加（土曜授業、補習）などで、先生たちの負担は以前と比べて増しています。

「子どもが何を考えているのかわからない」という声も小中高の教員の約3割に上ります。コロナ前もこうした声はありましたが、今回は、おそらく休校中の2～3カ月に及ぶブランクで、関係づくりができなかったことも影響しているでしょうし、ここ1年あまりはずっとマスク越しで表情がよく見えないなかですから、一層児童生徒理解が難しくなっています。

図3−12　学校再開後の悩み
（おおいにそう思う、ややそう思うの合計）

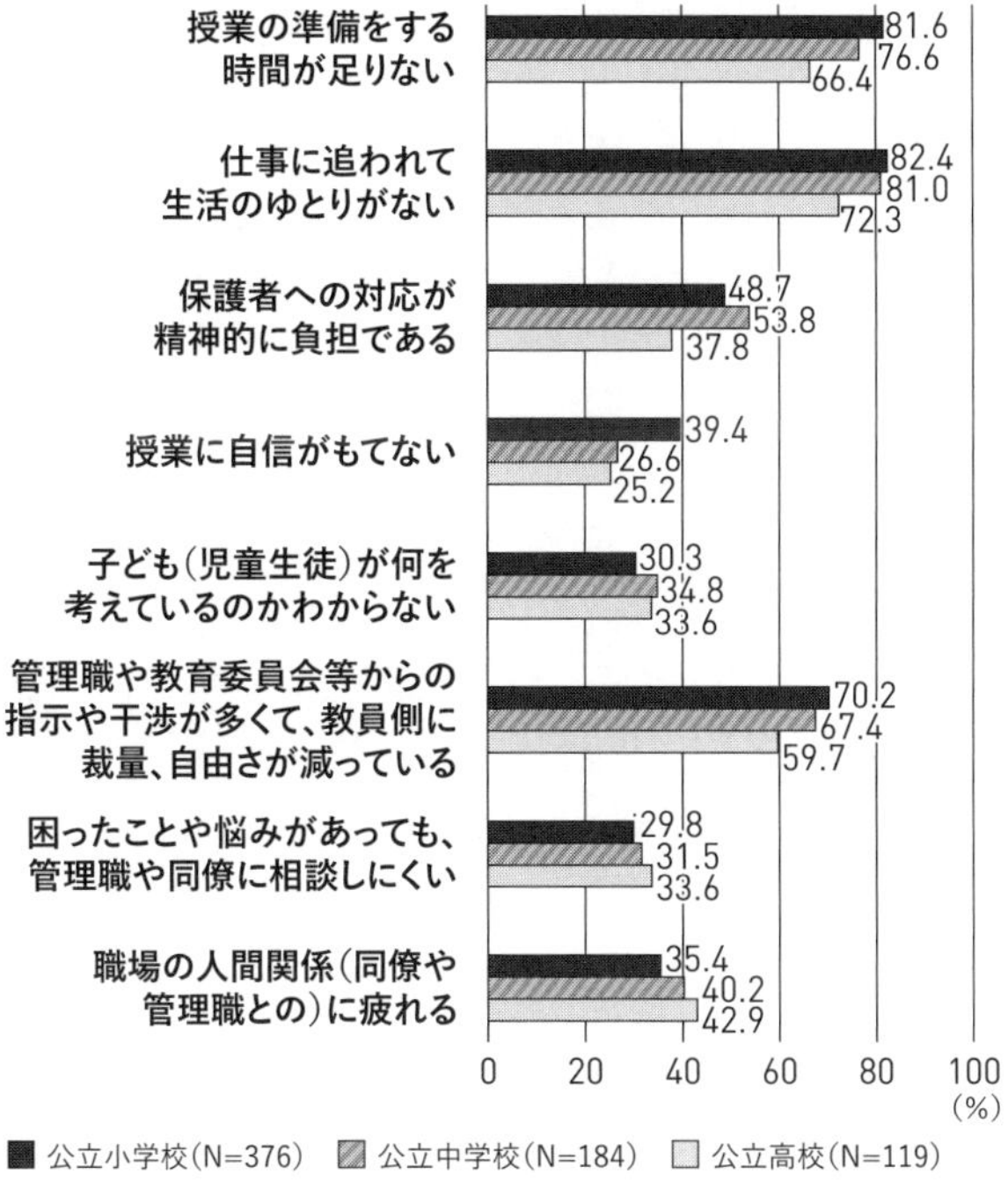

出所）妹尾昌俊「with/afterコロナ時代の学校づくりと働き方に関する調査」

教員のメンタル、ストレス状況も悪化

「管理職や教育委員会等からの指示や干渉が多くて、教員側に裁量、自由さが減っている」という回答も小中で約7割、高校で約6割と、コロナ前の似た設問と比べても格段に増えています。

おそらく、コロナ対策で「あれをしろ、これをしろ」「これはするな」といった指示が増えているせいもあるのだと思います。裁量の少なさは先生たちのストレスを高めますし、教師らしい自由さが失われていくとすれば、それは教職の魅力低下にもなっていきます。

「困ったことや悩みがあっても、管理職や同僚に相談しにくい」という悩みも、小中高で約3割に上ります。

もともと教師は職業柄、弱音やSOSを発信しにくい傾向があります。子どもたちや保護者を前にして、「先生は自信ないんだよ」とはなかなか言えないからです。職員室でも、互いを「先生」と呼び合い、パソコンに向かって仕事をこなしている人も多いなか、悩みを打ち明けにくい学校もあります。学級経営や授業で悩みがあっても、「相談すると、能力がないと思われるのが怖い」、そんな意見も若手教師等からよく聞きます。

また、副校長・教頭や養護教諭らも、コロナ関連業務が多くなり、一層多忙になっています（以前もとても忙しい人は多かったのですが）。第1章でも紹介した養護教諭向けの調査によると、コロナ対策は養護教諭にとって「きわめて大きな負担となっている」という回答が小中高ともに5割前後に上りました（「負担になっている」との回答も4〜5割）[23]。

そうしたなかで、職場でメンタル不調の人に気づける、気遣える人も少なくなっていると考えられます。

このようなデータから示唆されるのは、先生たちの心の健康は、コロナ後に一層危なくなっている可能性が高いということです。そしてこれは、確実に授業の質や子どもたちへのケアにも悪影響を広げます。

教師のメンタル不調と欠員補充ができない悪循環

コロナ前のデータとなりますが、うつ病などの精神疾患で病気休職となった教員（公立学校）は、**2019年度は5478人であり、過去最多となりました。**[24] 2007年度以降、

23 戸部秀之「新型コロナ感染症に伴う臨時休業における児童生徒の健康課題等に関する調査（養護教諭対象）　第2回調査集計報告」（2020年10月28日）

24 文科省「令和元年度公立学校教職員の人事行政状況調査」

ここ10年以上ずっと毎年5000人前後の人が精神疾患で病気休職となっています（ただし、各年度の数字には前年度から引き続きの人も含む）。

しかも、休職になる前に退職する人も、あるいは休職前の段階でメンタル不調の人もいますから、[25] 5000人強は氷山の一角の数字です。

コロナ禍でどうなっているか、統計が出るのはもう少し先ですが、体調を崩した先生や不本意な理由で離職してしまった方の話は、私のもとにも度々届いています。

病気休職（またはその手前は病気休暇）を取得して、治療にあたることはもちろん大事なことなのですが、学校現場で残された教職員の負担は一層増します。しかも、昨今は教員採用試験の倍率が下がっている地域も多く、そのぶん、各自治体の講師バンクへの登録者数も減っていますから（通常、採用試験に不合格だった方が講師登録をすることが多い）、年度途中で欠員が生じても、すぐに講師などが見つかる、あてがわれるとは限りません。学級担任がおらず、教頭が担任代行をする小学校などもよく聞く話です[26]。

こうなると、さらに学校は忙しく大変になります。過重労働や職場でのコミュニケーション不足などのため（忙しい人には声をかけづらいですしね）、一人で仕事を抱え込むなどして、メンタルを病む教師がまた増えるという悪循環にはまります。

私が前著『教師崩壊』で分析したのは、そのタイトルの通り、忙し過ぎて病んでいく人も多いなか、教育現場が崩壊しかかっている現実です。これがコロナ危機で一層深刻さを増しているのです。

25 制度上は病気休職の前に、有給である病気休暇が取得できます（上限日数は自治体にもよりますが、90日ほど）。

26 実際、私の娘の小学校でもありました。なお、教師不足、講師不足の問題の背景や影響については前著『教師崩壊』でも分析しています。

第3章のまとめ

○コロナ危機の中で、コロナ以前からも問題であったことが一層深刻化し、顕在化した。

○問題①……子どもたちの好奇心や主体性が育っていない。自分たちで考えて決めるという機会が少なかったために、従順で受動的な子どもたちにしてきたのではないか。

○問題②……学校、行政は子どもたちのウェルビーイング、福祉に冷淡過ぎる。子どもの心のケアよりも、授業時間確保を優先する風潮など。

○問題③……保護者と学校との亀裂が拡大している。学校と家庭をつなぐコミュニケーション手段は貧弱で、学校からの誠意が伝わらないなか、保護者の学校信頼が低下している。

○問題④……疲弊する現場、教師の仕事はまだまだビルド&ビルド。世界一多忙な日本の教員は、コロナ対応もあり一層業務量が増え、メンタル不調や欠員なども心配である。

第4章

なぜ、日本の学校は変われないのか

学校・家庭・社会の分断を生む「4つの深層」

1年近く経っても、オンライン授業をできる目途は立たない

2021年1月、東京新聞が埼玉県内の63の市町村にアンケート調査をしました。昨年の臨時休校期間にオンライン授業（朝の会などを含む）を「全校でできた」と回答した自治体は4市（秩父、越谷、戸田、久喜）でした。[1] 学校再開から約7カ月たった1月8日時点では、「全校でできる環境にある」は19市町村に拡大しましたが、全体の3割にとどまりました。他は4市町が「一部の学校でできる」、**40市町（全体の約63%）が「全校ともできない」と回答しました。**

同紙では「コロナ禍が長引く中、休校など万が一の場合に学びを保障する環境が整っていないことが浮き彫りになった」と述べています。

実施できない理由として教育委員会が挙げたのは、端末が行き渡っていない（63市町村中42自治体で約67%）、ネット環境のない家庭がある（約48%）、校内の機器が不十分（約44%）、校内のネット回線が不十分（約37%）、教職員が慣れていない（約16%）でした。

鹿児島県曽於市では、市立学校で教員2人の新型コロナ感染を受けて12月中〜下旬の約2週間、休校となりました。休校中後半の約1週間の午前中は臨時登校日として子どもた

ちの自習時間を設けて対応しました。教員免許を持つ市教委や県教委の職員を派遣してのことでした。[2]これもひとつの対応方法ではありますが、12月になってもオンライン授業などできる体制ではなかったということでもありましょう。

横浜市のある小中学校（複数）では「ＧＩＧＡスクール構想」によりタブレットやノートＰＣが納品されましたが、21年３月の時点でも箱から出すことすらできていない状態でした。１校数百人の児童生徒の分を初期設定等することも必要ですから、たいへんなのは理解できますが、あまりにもＩＣＴ活用へのスピード感が遅いように感じます。

こうした状況が他地域にも同じように言えるかどうかは慎重に見ていくべきですが、唐突な要請から始まった２０２０年３月の全国一斉休校のときならまだしも、そこから１年近く経過した２０２１年２月、３月になっても、ＩＣＴを活用した子どもたちの学習支援や関係づくりがほとんどできない地域、学校はまだまだたくさんあります。

ベネッセの20年８〜９月の教員向け調査によると、休校になった場合の準備として、「オ

１　東京新聞２０２１年２月４日
２　南日本新聞２０２０年12月16日

図4−1　休校になった場合の学習指導の準備（複数回答可）

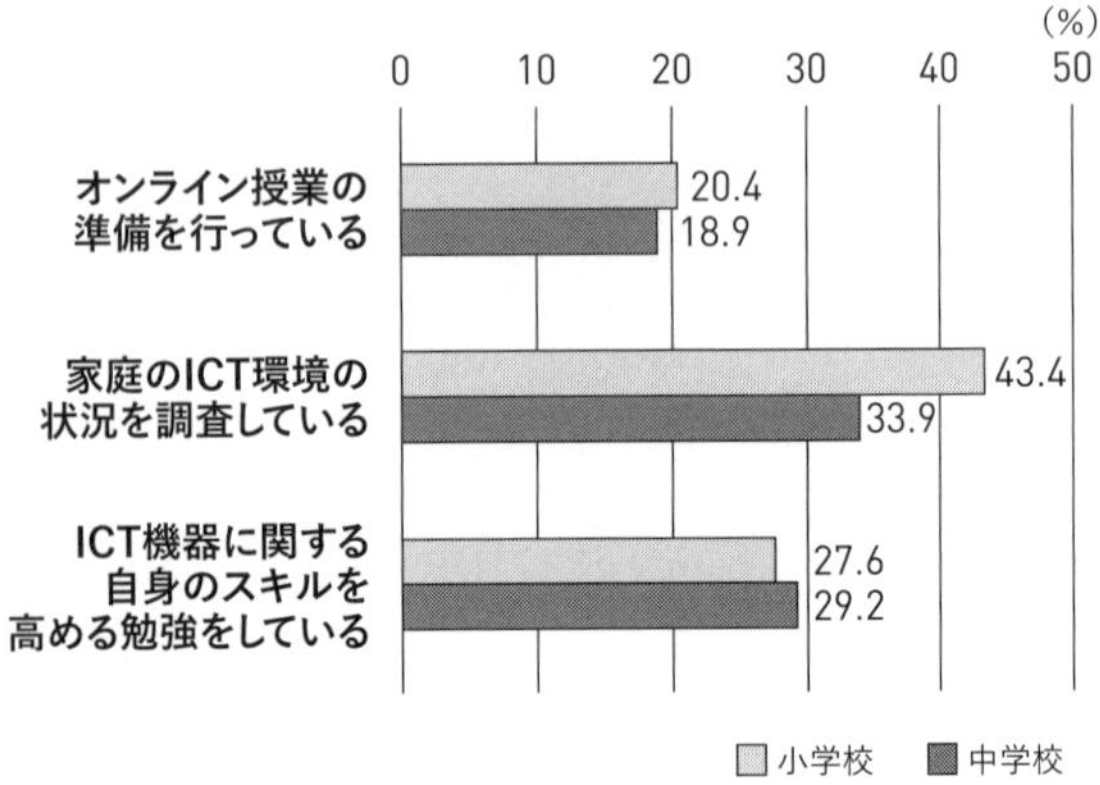

出所）ベネッセ教育総合研究所「小中学校の学習指導に関する調査2020」

ンライン授業の準備を行っている」人は小中学校では約2割、「家庭のICT環境の状況を調査している」のも3〜4割にとどまります（図4−1）。「ICT機器に関する自身のスキルを高める勉強をしている」人も約3割です。感染症の蔓延に限らず、大地震なども想定されるなか、休校に備えた対策が進んでいる学校とそうではない学校との差が広がっているようです。

学びたいのに学べないまま「自主休校」の子どもたち

「はじめに」でも触れましたが、21年4月、NHKクローズアップ現代は「〝失われた学び〟コロナと〝自主休校〟の子どもたち」と題する特集を組みました。[3] 本人や家族にぜんそくや心臓疾患などの事情があり、新型コロナに感染すると重症化するおそれがある子どもたち。この1年あまりずっと学校に登校できていない「自主休校」の子たちもいます。

NHKが東京23区と全国20の政令市に聞き取りを行ったところ、こうした実態を把握している自治体はおよそ6割で、そこからわかっただけでも、感染への不安で1日以上学校を休んだ小中学生は7285人に上りました。言い換えれば、ある程度職員数がいる都市部の教育委員会ですら、約4割は把握すらしていない、ということです。

ある児童は1週間分のプリントをもらって学習しています。中学3年生（当時）の生徒は、授業にオンラインで参加させてほしいとお願いしましたが、学校からは「特別扱いはできない」と言われ、黒板の写真すらダメという回答でした。

NHKが「自主休校」の児童・生徒に対して、オンライン授業を行うことができるかどうか聞いたところ、「できる」と回答した自治体は9つだけで、2割にとどまりました。一方、「学校によってはできる」としたのが16の自治体、**「課題がありできない」と回答したのは、18の自治体（約4割）でした。**

3　2021年4月7日放送。また、同日付のNHK首都圏ナビWEBリポート「コロナで〝自主休校〟7000人超　感染不安で学校に行けない子どもたち」を参照。

できない理由を尋ねたところ、「個人情報保護のため」「教員に負担となる」といった回答が比較的多くあがっています。ある市は「個人情報保護について議論が必要で、教員研修もできていないので、まだ難しい」と回答。新型コロナの猛威が認識されて1年あまりが経っているのに、いつまで議論が必要なのでしょうか？

実施している自治体は、たとえば、教壇近くにタブレットなどを1台置いて授業をライブ中継するなど、教員側の負担があまり増えないかたちで対応しており、個人情報保護についても保護者の同意書を得るなどしています。

できる方法があるにもかかわらず、1年あまりも学びたくても授業に行けない子たちのことを重く見ず、いまだ「できない理由」を探し、自身を正当化している教育委員会や学校がまだまだあるのです。

もし、いま休校になっていたら……

こうしたデータと事実に照らすと、**仮に2021年の冬、もしくはいまの時期に休校になっていたら、また1年前と同じようにプリントをたくさん配布して凌いだ学校がたくさん現れた可能性は高い**と思います。

本書執筆時点の情報では、新型コロナで子どもたち（小学生から高校生）が重症化する例がないのが不幸中の幸いです（先ほどのように、重症化するリスクをもつ子たちのことは重く見る必要がありますが）。ただし、変異ウイルスも心配で、仮に重症化例がひとつでも出れば、学校に通わせるのは不安だという保護者の声は高まり、多くの学校はクローズするでしょう。そして、また学校の機能の多くが止まって（フリーズして）しまいます。実際、外国では、この1年あまりずっと休校が続いている地域だってたくさんあるのです。[4]

正確に申し上げれば、いま、いつ休校になっても十分に対応できる学校も一部にはありますが、そうではない学校もたくさんあります。地域や学校、あるいは教員によって相当差が開いています。

10年以上前進しなかった、日本のＩＣＴ教育

日本の学校でＩＣＴ活用の動きが鈍いというのは、なにもいまに始まった問題ではありません。

ＯＥＣＤのＰＩＳＡ調査では、数学や読解力などのランキングが注目されがちですが、

4　ユニセフのレポートによると、２０２１年2月までの間、世界で1億６８００万人以上の子どもたちの通う学校が約1年間にわたって休校状態となっており、約2億１４００万人、約7人に1人の子どもが対面学習の4分の3以上を受けられませんでした。unicef (2021) COVID-19 and School Closures: One year of education disruption.

15歳の生徒（日本では高校1年生）に学校内外でのICT活用についても聞いています。たとえば、コンピュータで宿題をする、Eメールで課題などを提出するといったものです。[5] ①まったくか、ほとんどない、②月に1～2回、③週に1～2回、④ほぼ毎日、⑤毎日と頻度を把握しているので、点数化して各国の状況を豊福晋平准教授（国際大学）が整理しています（図4－2）。

これを見ると、日本の状況は左下、つまり校内の活用も校外の活用もともに低い、ビリの状態が続いています。図4－2は％表記ですが、偏差値換算すると、日本はずっと40・15～43・6です。つまり、少なくともこの10年ほとんど進展しておらず、海外からは置いてきぼりでした。

このデータは日本の場合、高校（高校生）の話ですが、小中学校で校内外のICT利活用が低迷している学校も少なくないことは、休校中の様子からも予想できます。正確に言えば、授業中などに積極的に活用している学校、先生もいれば、そうではない学校、学級もあります。GIGAスクール構想のもと、小中学校は一人一台端末の整備が進んでいま

5　校内のICT活用については、「学校でEメールを使う」「学校の勉強のためにインターネットを見る」「他の生徒と共同作業をするために、コンピュータを使う」「学習ソフトや学習サイトを利用する」など。校外でのICT活用は、「Eメールを使って学校の勉強について、ほかの生徒と連絡をとる」「コンピュータを使って宿題をする」「コンピュータを使って学習ソフトや学習サイトを利用する」などです。

図4−2　校内外の学習でのICTの活用度の推移(PISA2009〜2018)

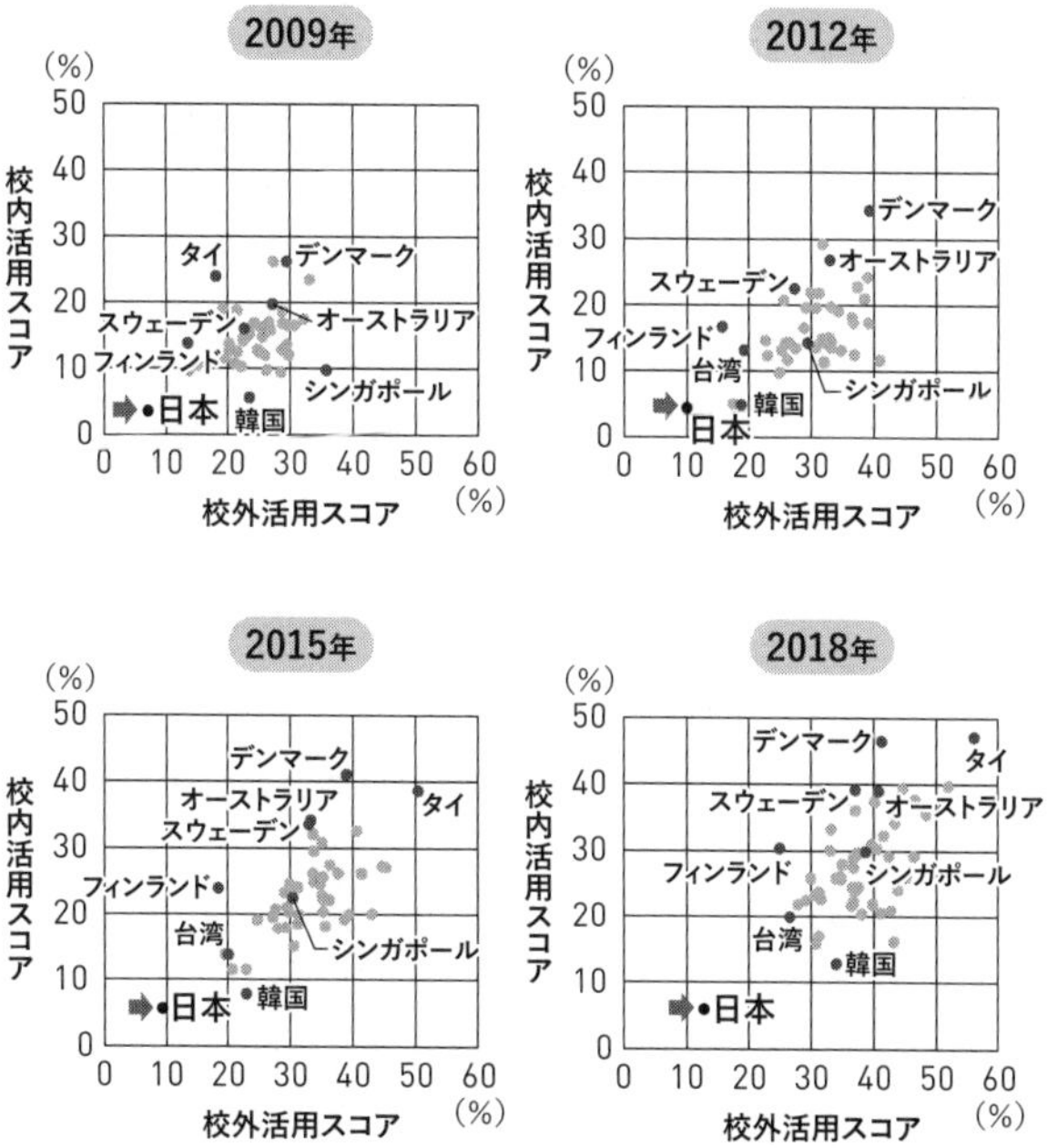

注)項目回答値(0〜4で頻度を表わす)の単純合計の平均を求め、スコア上限値に対する比率を国別にプロットしている。

出所)豊福晋平氏提供資料ならびに坂本旬他(2020)『デジタル・シティズンシップ』大月書店

すから、[6]今後は状況が変わる可能性はありますが、あとで述べるとおり、そう簡単に解決する問題であるとは思えません。

なぜ、学校のＩＣＴ活用は進まない？

教育委員会や学校ごとのＩＣＴ活用の差は、どうして生まれるのでしょうか。とても興味深い調査研究があります。国立教育政策研究所がコロナ禍での学校等の状況を分析した研究[7]によると、２０２０年6月時点で双方向性のあるオンライン家庭学習を実施した教育委員会とそうではない教育委員会の違いは、次の要因が影響している可能性があることがわかりました。

・自治体の財政状態がよいこと（財政力指数が高いこと）
・児童生徒に端末が配備されていること
・個人情報保護について相当の議論を重ねていること
・教育長の革新的授業重視傾向（問題発見・解決力や創造力、アクティブ・ラーニング等を重視していること）
・情報教育担当の教育委員会職員（指導主事）が配置されていること

図4－3　2020年6月時点で双方向性のあるオンライン家庭学習の実施の有無と、自治体の財政力、PC1台あたり児童生徒数との関係

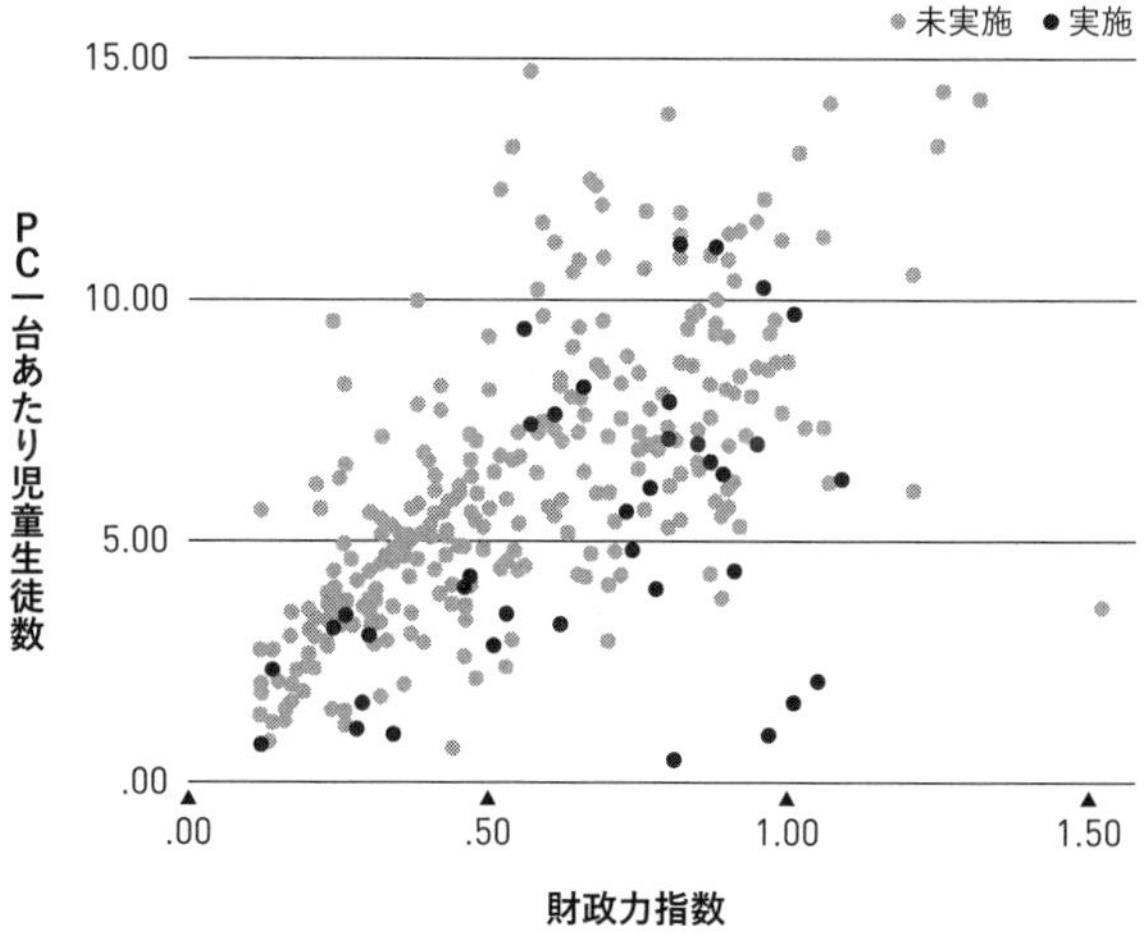

出所）国立教育政策研究所令和2年度教育改革国際シンポジウムでの露口健司教授発表資料（2021年2月16日）

ただし、図4－3のとおり、財政力が低い自治体のなかにも、オンライン家庭学習を実施できたところもありますし、PCが多く整備されていたからといって（＝PC1台あたり児童生徒数が少ないから

6　高校については、1人1台端末の整備を2020年度内に整備する予定のところは12県、2021年度以降に整備予定は2県、1人1台の整備目標がない自治体は21道県などであり、都道府県ごとに差がある状況です（教育新聞2020年11月20日）。

7　国立教育政策研究所令和2年度教育改革国際シンポジウムでの露口健司教授発表内容をもとに作成（2021年2月16日）。

といって）、必ずしもオンライン家庭学習ができたというわけでもありません。

また、この研究では、２０２０年11～12月時点での学校のＩＣＴ活用状況についても調査しています。たとえば、キーボード入力などの基本的な操作の習得を行っているか、情報モラル・情報セキュリティに関する能力の育成を進めているか、遠隔授業を実施しているか、ＩＣＴを活用して授業準備や採点の効率化を行っているか、学習データの管理・共有などを図っているかなど31項目について調べました。

ＩＣＴ活用度のちがいには、次の要因が働いている可能性があることがわかりました（一部抜粋）。

①推進役のキーパーソンがいることと、ＩＣＴ活用を支援する人材がいること
②教育委員会の支援があること
③校長の平等分配志向（後述）が強い学校ではＩＣＴ活用が進みにくい
④生徒指導問題（スマホ依存）が懸念される学校ではＩＣＴ活用が進みにくい
⑤ＩＣＴを活用した授業準備のゆとりがあるかどうか

校長に平等分配志向が強いと、ICT活用が進みにくい

このうち、③の校長の平等分配志向とはなんでしょうか、少し説明します。

露口先生らの研究では、計6つの項目で、「A：全ての児童生徒に同じ量の資源（教材・機器等）を用意することが重要である」「B：困難な家庭環境にある児童生徒には、より税金を使って追加の資源を用意することが重要である」など、AとBの考え方のどちらに近いかを調査しています。ほかには「A：学校間に差が生じないよう、全体の環境整備を行ってからICTを導入することが重要である」「B：当面は学校間に差が生じても、できるところから迅速に導入することが重要である」といったものがあります。これらはAに近いほど、平等分配志向が強いとされています。

その結果、校長に平等分配志向が強すぎると、ICT活用に躊躇《ちゅうちょ》してしまう傾向があることがわかりました。この結果は、第3章で解説したこととも重なります。「家庭にパソコンやネット環境がない子たちもいるので、ICTの活用はできない」という理屈でいた校長の学校では、ICT活用は、休校中も学校再開後もあまり進まなかったのです。

図4－4　休校中の職場等の状況（校長の姿勢、行動力）

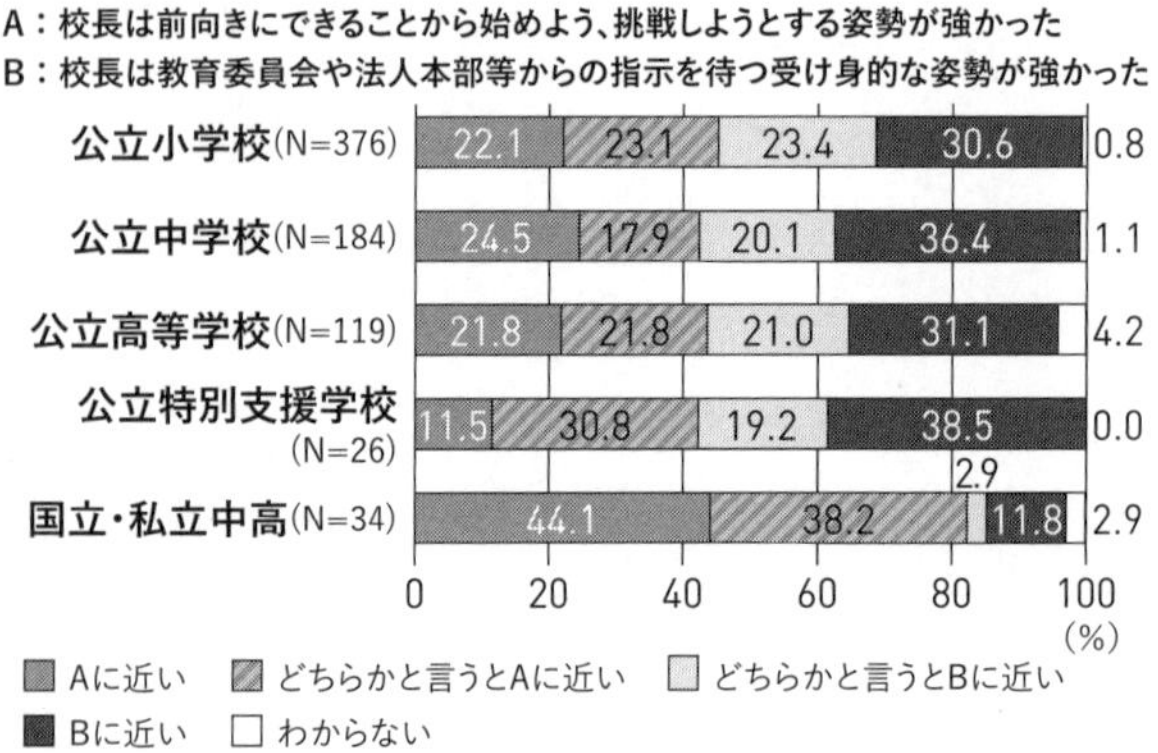

注）公立特別支援学校と国立・私立中高は回答数が少ないため参考値。
出所）妹尾昌俊「with/afterコロナ時代の学校づくりと働き方に関する調査」

校長の姿勢に加えて、教職員間の協力関係も重要

この研究では、校長と教育長の姿勢やリーダーシップが、学校のICT活用に影響した可能性を強く示唆しています。

図4－4のデータは、私が2020年6月に教員向けに実施したアンケートです。校長が前向きで挑戦しようとする姿勢があったか（A）、それとも、指示待ちだったか（B）を聞きました。公立学校では**Bの指示待ち、受け身という校長が過半数に上ることがまず残念な結果ですが……**。

さらに、図4－5では、校長がAかBかによって、学校の休校中の取り組み状況にちがいがあったのか、見たものです。取り組み状

図4－5 校長の姿勢・行動別、休校中の取り組み状況（得点）

A：校長は前向きにできることから始めよう、挑戦しようとする姿勢が強かった
B：校長は教育委員会や法人本部等からの指示を待つ受け身的な姿勢が強かった

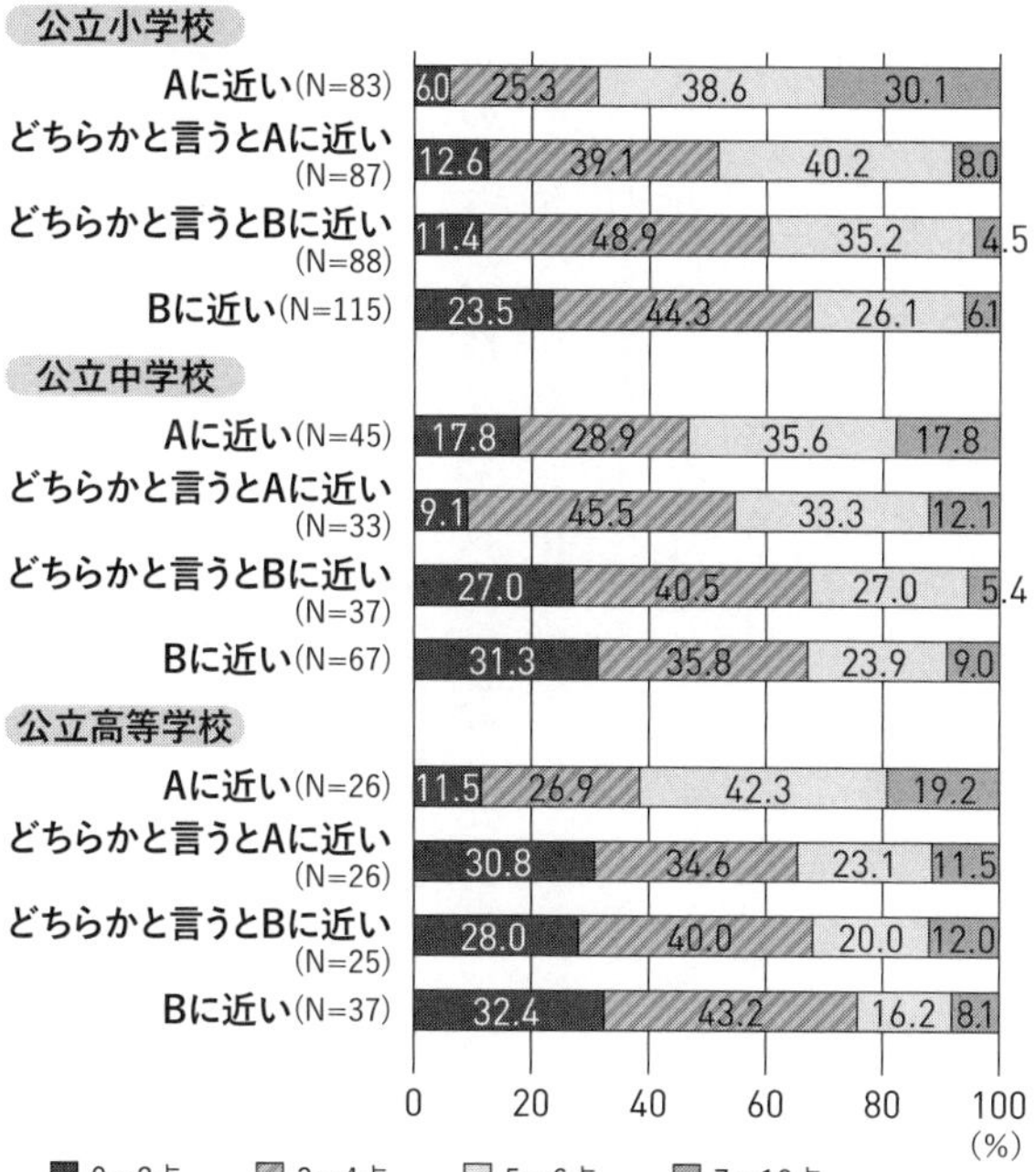

出所）妹尾昌俊「with/afterコロナ時代の学校づくりと働き方に関する調査」

況は、たとえば、動画配信やオンラインでの授業を行っている場合や宿題のフォローアップに取り組んでいる場合などを踏まえて、点数化しました。[8] 全部で10点満点です。詳しくは注をご覧いただければと思いますが、ICTの積極的な活用に加えて、「休校中の課題の意義や取り組む必要性を児童生徒に説明した」「休校の途中で課題を回収して、コメントをしたり、添削をしたりした」「電話またはメールで質問を受け付けた」などオフラインできることなども含めています。

結果は予想されたとおり、おおむね、**Aの校長、できることから始めようとする挑戦姿勢のある学校のほうが、取り組み状況は良好な（高得点）傾向がありました。** とりわけ公立小学校ではその傾向が顕著でした。

同じような分析は、教育委員会の姿勢についても言えます。教員から見ての評価となりますが、休校中、教育委員会が協力的だったか（A）、非協力的だったか（B）を聞いたところ、公立小中高では半数強がBのほうが近いと回答しました（図4－6）。

そして、教育委員会の姿勢別に見ても、やはり休校中の取り組み状況には差が見られました（図4－7）。教育委員会が協力的な姿勢であるほうが、休校中の取り組みが進みやすかった可能性があります。

もうひとつ、注目したいのは、教職員のあいだの協力・協働関係です（図4－8）。教

図4－6 休校中の職場等の状況（教育委員会の協力状況）

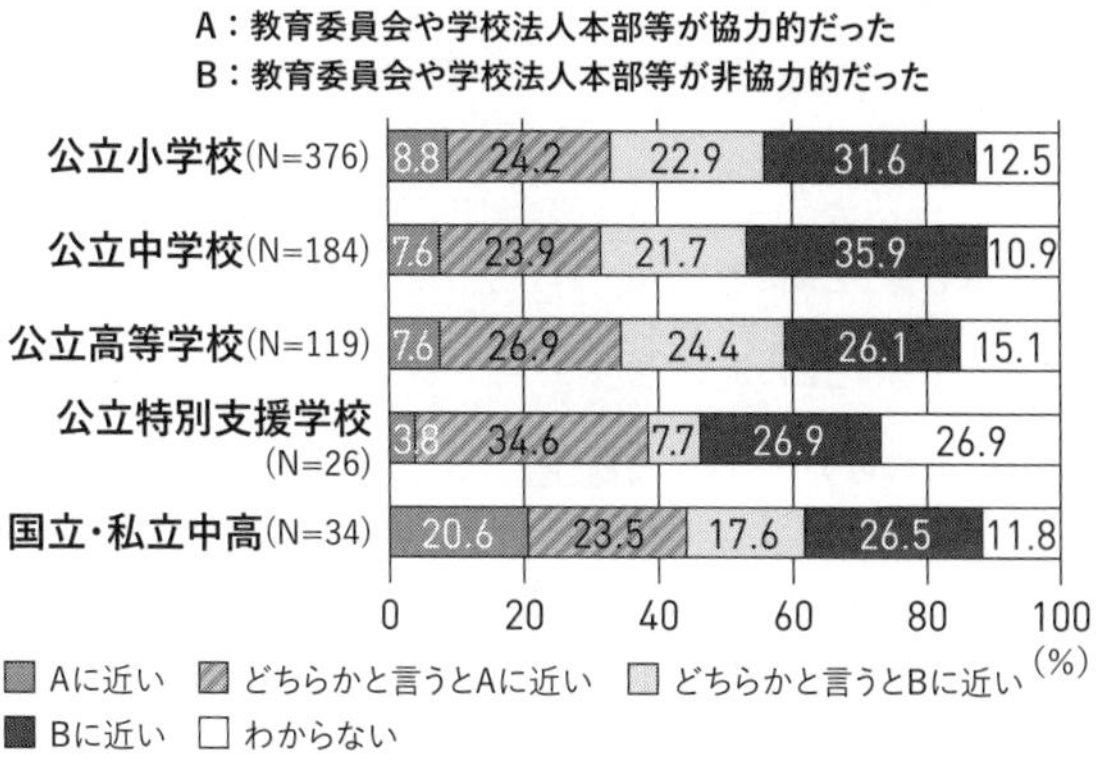

出所）妹尾昌俊「with/afterコロナ時代の学校づくりと働き方に関する調査」

職員の間のコミュニケーションは活発で、チームで取り組むことが多かった（A）のか、それとも、コミュニケーションは少なく、できる人が個々人で取り組むことが多かった（B）のかです。前者は協働的（チームワーク重視）、後者は個業的（個人プレー重視）と言い換えられます。

公立小中学校では、7割近くがどちらかと

8　点数化の方法は以下のとおり。（1）授業動画や児童生徒向けメッセージ動画を自分たちでつくって、配信した、（2）既存の動画を活用するように指示した、（3）双方向性のあるオンライン授業（遠隔授業）を実施した、（4）児童生徒の自主性に任せた課題や自由研究などを促した、（5）休校中の課題の意義や取り組む必要性を児童生徒に説明した、（6）休校の途中で課題を回収して、コメントをしたり、添削をしたりした、（7）電話またはメールで質問を受け付けた、（8）ウェブ会議で質問対応したり、コメントしたりした、（9）学校に来てもらい、対面で指導したの9つの設問について、実施した場合はそれぞれ1点、しなかった場合は0点。ただし、（5）のみ、十分説明した2点、多少説明した1点。合計10点満点となる。

図4−7　教育委員会の姿勢・行動別、休校中の取り組み状況

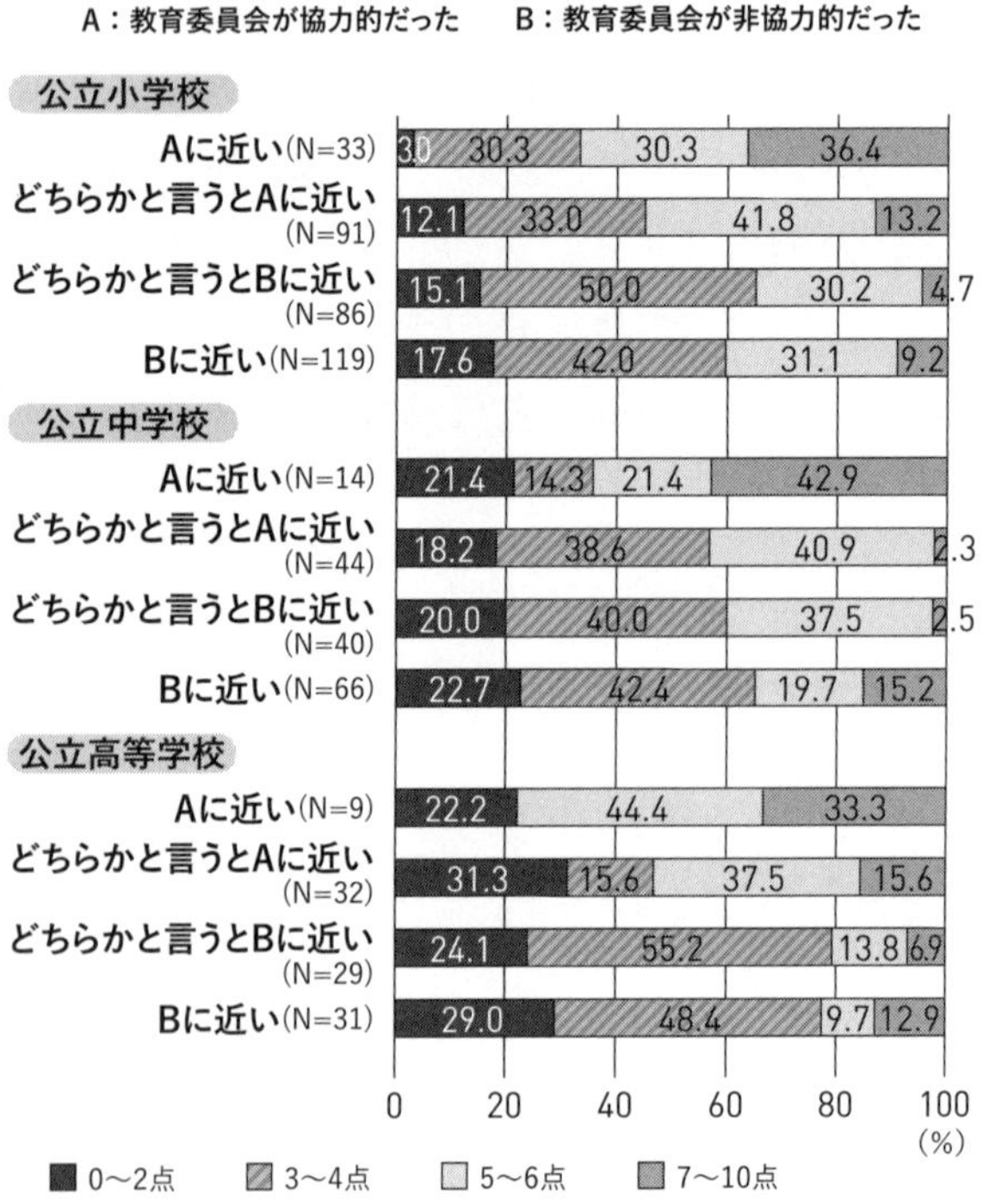

出所）妹尾昌俊「with/afterコロナ時代の学校づくりと働き方に関する調査」

図4－8　休校中の職場などの状況

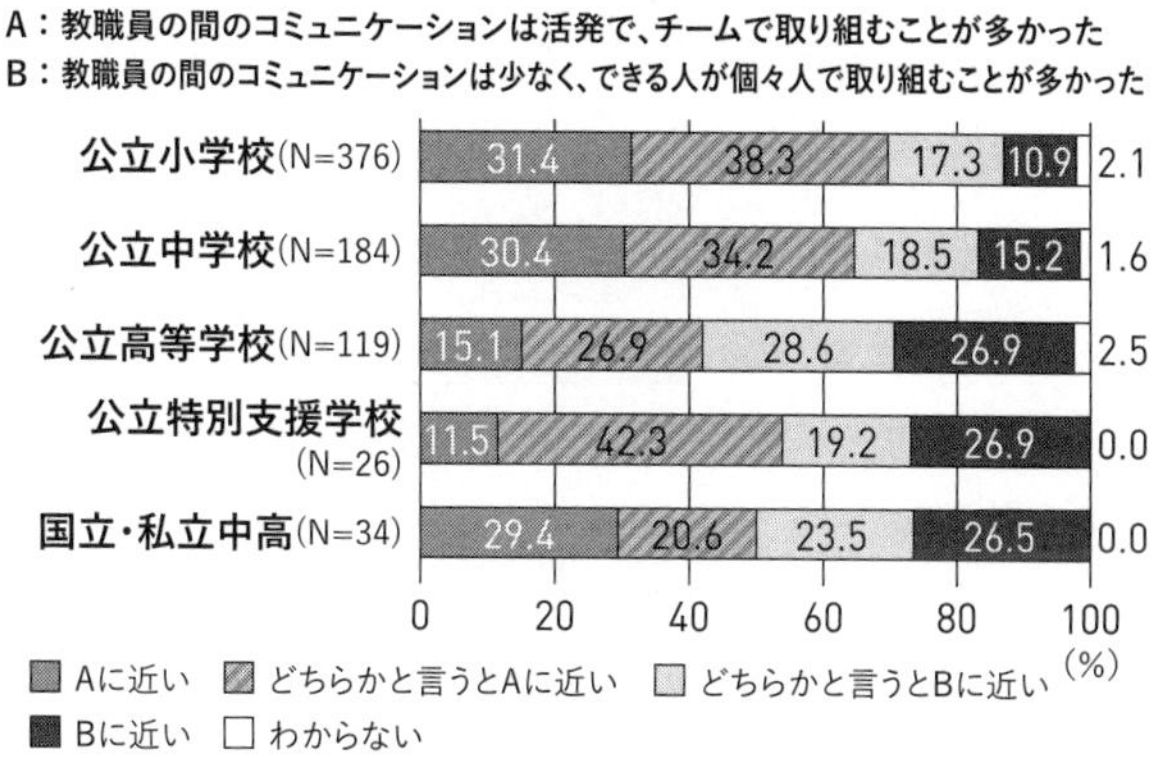

出所）妹尾昌俊「with/afterコロナ時代の学校づくりと働き方に関する調査」

言えばも含めて、協働的だったと回答していますが、公立高校はくっきり二分されて、むしろBのほうが10ポイント以上多い結果でした。おそらくコロナ前から、高校の場合、教科の専門性が高いぶん、職場でのコミュニケーションは少なく、個業化していたところ（個人プレーになっている状態）も多かったのでしょう。

校内のチームワークの状況が、休校中の取り組み状況にも差を生んでいるようです（図4－9）。特に公立小学校と公立高校でAに近い場合、休校中の取り組みに積極的です。

もっとも、こうした私の調査は、サンプリングに限界がありますし、校長の姿勢や教職員間の協力関係が休校中の取り組みに関係があるかもしれない傍証に過ぎません。ひょっ

図4−9　休校中の取り組み状況

A：教職員の間のコミュニケーションは活発で、チームで取り組むことが多かった
B：教職員の間のコミュニケーションは少なく、できる人が個々人で取り組むことが多かった

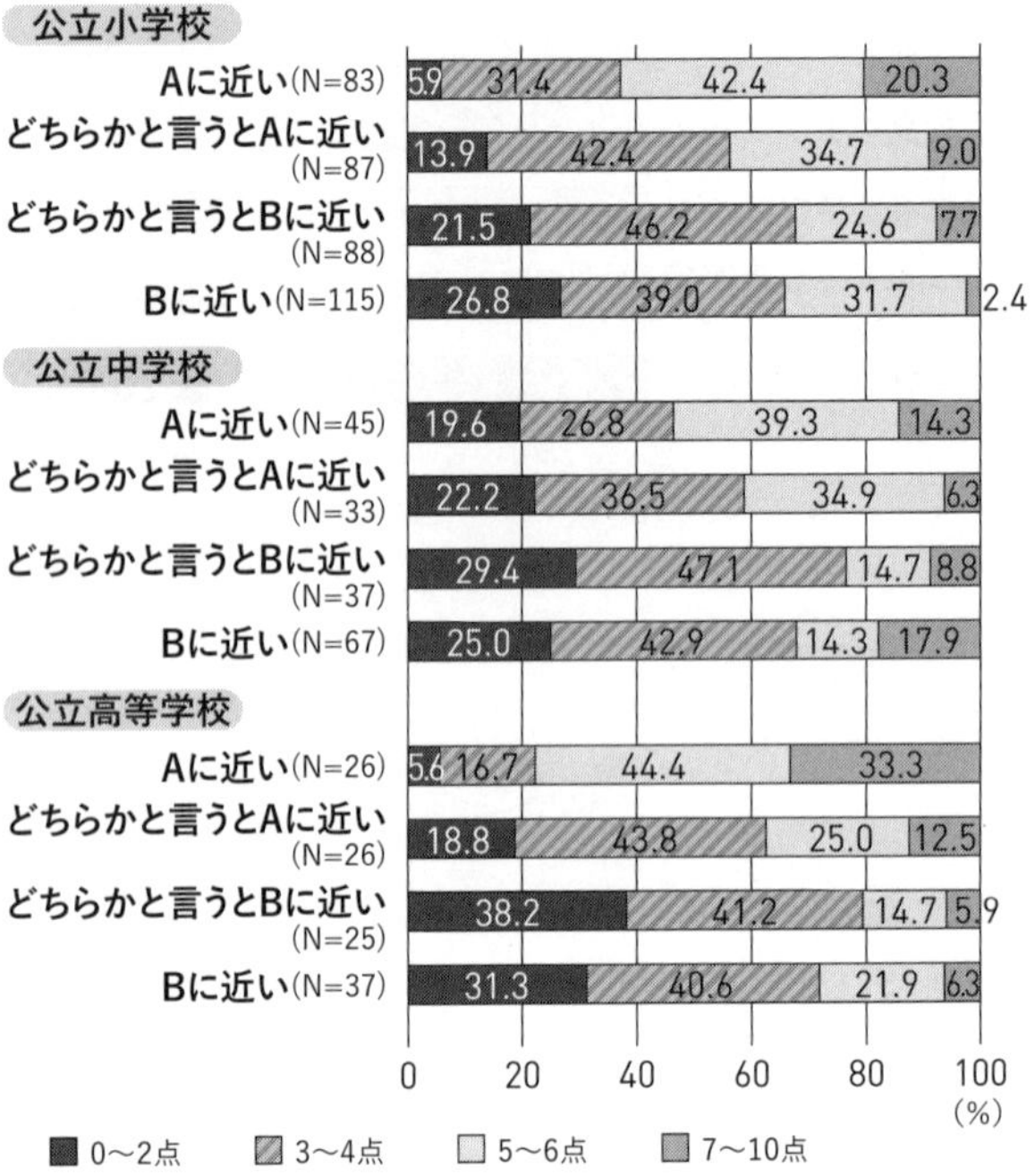

出所）妹尾昌俊「with/afterコロナ時代の学校づくりと働き方に関する調査」

とすると因果関係は逆の可能性もあります。たとえば、休校中になんらかの理由でＩＣＴの活用や生徒理解などに積極的だった学校では、職場の雰囲気がよくなり、校長の姿勢や職場の協力関係が良好であるように感じやすかったのかもしれません。露口教授らの分析にも逆の因果の可能性は捨てきれません。

加えて、別の重要な要因を見落としており、それが共通に影響している可能性もあります。たとえば、休校前からタブレット等が大量に整備されていた学校では、教員も児童生徒もＩＣＴに慣れていて、休校中も積極的に取り組みやすかったかもしれません。そうした学校では、校長の姿勢も前向きになりやすく、また教職員も協力しやすかったことでしょう。そうした可能性もありますが、一方で、露口教授らの分析にあったとおり、ＰＣが多く整備されていたからといって（＝ＰＣ1台あたり児童生徒数が少ないからといって）、オンライン授業等ができた学校もあれば、できなかった学校もあります。両者のちがいはどこで生まれたか、探索する必要があります。

こうした点に留意していただく必要はあり、検証は今後の課題として残りますが、校長の姿勢や職場のチームワークなどが、各校の休校中の取り組みやその後のＩＣＴ活用に影響している可能性があるということは、共有しておきたいと思います。

なぜ、あなたの学校は変わらないのか　2つの可能性

大きく分けるなら、これまで見てきたとおり、次の2種類の学校があります。

（1）休校中ならびに学校再開後もICTを活用したり、オフラインでできる限りの工夫を行ったりして、なるべく個々の子どもたちに応じた学びを支援し続けてきた学校。また、学校行事等への子どもたちの主体的な参加を進めてきた学校。こうした学校では、休校中も再開後も、子どもたちの健康、福祉、ウェルビーイングに気を配り、できることを積極的に進めている。

（2）休校中は大量のプリントを配ることで手一杯で、かなりの学びの質・量が家庭任せになり、教育委員会等からの指示を待つ、受け身的な姿勢だった学校。再開後もICTの活用や個に応じた学習などでほとんど進展していない学校。とにかく教科書を年度内に終わらせるといったことに一生懸命になり、子どもたちの主体性や探究心を伸ばすことなどはどちらか言えば、軽視してきた学校。

もちろん、どちらか一方に必ず該当するというよりは、両方の側面をもつ学校もあるでしょうから、よりどちらに近いかという観点で、みなさんがよく知る学校（勤務する学校、子どもが通う学校、関わりのある学校など）を改めて眺《なが》めていただければと思います。

あなたの学校は、どちらに近いでしょうか？

そして、**両者のちがいは、なぜ、どこで生まれたのでしょうか。**

みなさんの学校が（2）に近いという読者もいることでしょう。「なぜ、うちはこうだったのか。（1）のように動いていた学校もあったのに」。保護者目線や納税者目線で見ると、ちょっと納得がいかないという方も多いかもしれません。

露口教授らの研究や私の実施したアンケート調査などを参考にすると、要因・背景として、次の2つの可能性を指摘できます。

第一に、新型コロナという未曾有の危機のなか、**リーダーシップを発揮する人がいなかった、あるいは少なかったこと。**とりわけ、校長がリスクばかり気にして動こうとせず、受け身的であった学校は（2）となったケースが多いかもしれません。学校（特に校長）

には「事なかれ主義」が蔓延していると評する論者もいます。[9]

教職員が個業化して、協力的でなかった学校もリーダーシップの総量が少なかったと見ることもできます。

実際、すでに見てきたように、検証に課題があるとはいえ、リーダーシップの不足を示唆するデータはいくつかあります。しかし、仮にそうだとしても、なぜリーダーシップが十分発揮できなかった（発揮されなかった）のでしょうか。

「残念ながら、その学校の校長がリーダーの器ではなかったから」というのはひとつの説明ではありますが、それだけでは物足りません。「なぜリーダーの力量のない校長が生まれたのか、その人は変われなかったのか」という問いを考える必要があります。

教育委員会の動きが鈍かったことも同様で、「リーダーシップを発揮する教育長らがいなかったからだ」という理由だけで片付けるのではなく、なぜそうだったのかを問う必要があります。

そうでないと、個人を批判、非難して、多少の溜飲を下げることにはなっても、現場（学校現場、教育行政の現場）では、「この校長（または教育長）が変わらないかぎり、アカンな」とあきらめモードが漂いますし、今後に向けた教訓を導くことは難しいでしょう。

第二に、教職員の多くは**忙し過ぎて、工夫や改善、新しいことにチャレンジする余裕がなかったことです。**第3章でも見たように、日本の先生たちの長時間労働は世界一であり、異常な水準です。これでは教育委員会から指示があったことなど、目の前のことをこなすことで手一杯だった、という学校も多かったことでしょう。

確かに学校再開後は、また忙しい日々に戻っている学校が多いので、ある程度、この仮説は当たっているかもしれません。ですが、休校中は授業もなく、部活動もなく、生徒指導もほとんどなかったのですから、「忙しかったから」と言い訳はできません。また、学校再開後、今日に至るまでは、いくら多忙だからといって、休校中の苦い経験から1年も経過しているわけですから、多少なりとも工夫、改善などを検討して実行していく時間は取れたはずです。

私には、先生たちが「忙しい、忙しい」を言い訳にしているだけのようにも映ります。ですから、この2番目の背景の可能性については、「休校中、なぜ思考停止に近い状態に

9　たとえば、元民間人校長の藤原和博氏。「藤原和博さんから、子どものための本気の寄稿文『コロナと学校教育』」（たかまつななnote、2020年5月25日）など。

なり、受け身的な姿勢を続けてしまったのか」「再開後は忙しい事情はあったにせよ、なぜ休校中やコロナ前からの反省を活かそうとしなかったのか」について考える必要があると思います。

表層を捉えるだけでは解決しない――深層には何があったのか

「校長や教職員集団、教育行政にリーダーシップが不足していた」「学校現場は忙しくて余裕がなかった」。こうした一見わかりやすい説明は、氷山で喩えると、目に見えている表層だけを捉えていて、見えない深層には迫っていないのではないでしょうか。

私は以下の4点が深層、真因としては重要であると考えます。

深層①【責任分担の曖昧《あいまい》さ】
↓日本の教育制度は、国、都道府県、市区町村、学校等の役割分担で責任の所在が曖昧な部分があり、それぞれが自分以外の組織や人のせいにしやすいものであった。誰も責任を取ろうとしない構造的な問題がコロナ禍でも作用した。

深層②【教師像との葛藤】

↓ＩＣＴの活用や探究的な学びの推進をはじめとした教育方法は、従来の教師の専門性や役割を揺さぶり、心理的に不安にさせる側面をもっているため、教師は推進しようとはしなかった。

深層③【過去の成功モデルへの依存】

↓戦後長く続いてきた家庭との役割分担（後述する「戦後日本の教育・仕事・家族の循環モデル」）に学校が慣れ、モデルチェンジしようとしてこなかったため、今般の危機下でも学校の対応は後手後手に回った。

深層④【組織学習の脆弱さ】

↓学校や教育行政では、表層的で形式的な評価はするが、問題や反省点を直視した振り返りを行うことは稀であり、過去から学ぶことができていない。さらには防衛思考や同調圧力が組織学習を一層遠ざけ、自分たちの取り組み（行動しないことを含む）のリスクやマイナス影響を過小評価してしまった。

ひとつひとつについて、このあと解説していきますが、その前に参考となる事例を紹介したいと思います。

なぜ政府は動けないのか

『なぜ政府は動けないのか　アメリカの失敗と次世代型政府の構想』という本があります（ドナルド・ケトル著、稲継裕昭監訳、浅尾久美子訳、２０１１年、勁草書房）。２００５年８月末、大型ハリケーン・カトリーナが米国本土を直撃しました。「ジャズの発祥地」として名高いニューオーリンズの約８割が冠水し、１８００人以上が死亡、約１２０万人が避難した、米史上最悪の自然災害のひとつです。この本は、このとき、なぜ政府は機敏で有効な対応ができなかったのかを公共政策が専門のケトル教授が分析したものです。

学校教育について述べたものではありませんが、今般のコロナ状況下での学校を考える上でも参考になる記述がありました。引用しましょう（強調は引用者）。

ハリケーン・カトリーナに関していちばん始末に負えないのは、政府職員があらゆるレベルで精一杯の努力をしていたのに結果は完全な失敗だったという事実だ。関係者はだれもが最善を尽くした。定められたとおりの行動をとった。手続きに従い、予定どおり金も出した。手順に従っていたかもしれないが、ハリケーン・カトリーナに

関しては、その手順自体が誤っていたのだ。（pp．16－17）

ハリケーン・カトリーナはアメリカ史上最大の行政の失敗とも言われるが、その最大の悲劇は、故意に対応を誤った職員はひとりもいなかったということだ。だれもが懸命に教科書に従った。それどころか、**教科書に従ったからこそ、カトリーナへの対応は失敗した。教科書が問題に合っていなかったからである。**（p．37）

教科書が合っていなかった

新型コロナウイルスは未曾有の事態でした。学校には、インフルエンザが流行したときには学級閉鎖にするなどのルーティンはありましたが、コロナの脅威は従来の範疇《はんちゅう》を越えた問題でした。

子どもたちが学校に来られないので、教員たちは宿題プリントを作って印刷して郵送した（あるいは学校ホームページにアップした）というのは、誰も悪気があってやったことではありません。むしろ、さまざまな制約があるなか（予算やＩＣＴ整備の問題、それから緊急事態宣言下では教員も出勤できないケースもあったことなど）、できることを考えて取り組んだことでした。

ところが、第1章、第3章で述べたとおり、そうした対応だけでは不十分な点は多々ありました。学力や学習意欲・関心の点でしんどい子や保護者の支援を受けられない子ほど、不利な状況に追い込まれました。

また、先生たちが子どもの安否や健康を確かめようと、電話をした学校も多くありましたが、電話回線が1校に2つ、3つしかないなか、かけられる頻度も時間も限られていましたし、子どもたちがどこまで本音で話せたのかも疑問でした。

なぜ、こうなったのか。ハリケーン・カトリーナのときの政府と同様、各地の先生たちは、従来の方法やルーティンに近い方法で問題に対処しようとしたのですが、そうした従来のやり方（先ほど引用した箇所で言うところの「教科書」）は今回の問題に合っていなかったのです。

誰も責任をとろうとしなかった

カトリーナの教訓でもうひとつ参考になる箇所があります。

あっというまにニューオーリンズは多くの問題にさらされた。いくつもの堤防を水が越え、高潮が壁をなぎ倒し、あちこちの小さな穴から水が入り、あまりの水量に揚水システムは壊れてしまった。複数の箇所で防御システムが崩壊し、壊滅的な影響をもたらした。結果的にこのシステムは、町に水を流入させ、排水を困難にし、安全だという思い込みを住民に与えて氾濫原《はんらんげん》に家を建てさせていたため、被害を倍増したのである。

アメリカ科学アカデミーが後に行った分析によれば、この巨大な洪水制御プロジェクトは「統一的な計画に沿ってつくられたシステムでは」なかった。（中略）「権限も、使える資源の量も、職員の経歴や能力も異なる」連邦、州、地方の政府がつぎはぎで徐々につくりあげたものだったのだ。「ハリケーン防御施設全体の建造や維持に完全に『責任をもつ』」組織はひとつもなく、そのため建造、維持、補修はややこしい仕事になった。（p．21）

ところで、日本の学校教育（小学校～高校）は、国内の報道などでは批判は多いのですが、国際的には高く評価されています。[10] ＰＩＳＡ（生徒の学習到達度調査）やＴＩＭＳＳ（国際数学・理科教育動向調査）などの国際的な学力調査で、算数・数学、理科（科学的リテラシー）などで世界トップクラスの成績をとり続けています（読解力は近年苦戦していますし、数学、科学なども含めて問題がないわけではありませんが）。

ただし、これは平時での話です。今般のコロナ危機のなかでは、問題が際立って見えてきました。カトリーナのときの米国のように、誰も責任をもとうとしなかった地域、学校もあったと、私は観察しています。

子どもたちの学びの継続に責任をもつのは、誰か？

とあるＸ県Ｙ市立のＺ小学校の状況を共有しましょう（以下は私が作成したフィクションですが、複数の実話をもとにしました）。

休校中の子どもたちの学習支援・学習指導として、具体的にどのようなことを行うのかは、基本的には各学校に任されていますから、Ｚ小学校の校長と教職員次第です。

ところが、この小学校にはタブレット端末が全校で1学級分の約40台しかありませんでした。オンラインで朝の会や授業を進めたくても全然足りません。家庭の端末を使わせてもらうとしても、きょうだいで取り合いになるケースやネット環境がない家庭もあります。

Z小の校長は、「Y市教育委員会が予算をとって端末やポケット Wi-Fi を貸し出してくれないのだから、学校ができることとしては、プリントで学習課題を配るくらいしかない」と言います。現にY市教育委員会からは休校中に進めておくようにと、漢字練習や計算などのドリル教材が送られてきました。

では、Y市教育委員会の言い分はどうでしょうか。「そんな多額の予算がかかるようなことを、裕福じゃない本市が単体でできるわけがありません。X県や文科省がもっと補助してくれないと進むわけないじゃないですか」「年度途中に言われても……。補正予算という手はなくはないけれど、市としてはコロナ禍で他にもお金がかかることはたくさんありますし」というものでした。ドリルについては「X県教育委員会から連絡があって、学校にお知らせしたものです。本県は全国学力調査の結果が芳《かんば》しくないので、県教委としても何らかの対応を打ち出したいと考えたのでしょう」。

次にX県教育委員会に聞いてみました。「市町村立学校については、設置者である市町村の責任、役割のなかで対応していただいています。県の役割として、情報提供や問題のあった場合の指導を行うことはありますが。ドリル教材については、休校中の学習として

10　小松光、ジェルミー・ラプリー（2021）『日本の教育はダメじゃない　国際比較データで問いなおす』ちくま新書などが参考になります。

参考として示したものであり、絶対にやってくださいというものではありません」。

このように、日本の教育制度では、役割分担と責任関係がくっきり分かれているというよりは、多重的、融合的になっている領域のほうが多いように思います。

人事の側面でも、市区町村立学校の教員は、身分としては市区町村の職員ですが、県費教職員という制度のもと、採用、配置、給与の負担などは都道府県（政令市の場合は市）が担っていますから、多くの先生たちはその都道府県の職員という意識でいます。

戦前の中央集権体制への反省のもと、学校教育では、地方自治、地方分権が重要とされていますから、前述のとおり、具体的にどのような教育活動を行うかは、個々の学校次第です。たとえば、休校中の宿題として何を出そうかとか、学校再開後1日何時間目まで授業を組もうかなどについては、個々の学校で決めることであり、本来は教育委員会も文科省も口をはさむものではありません[11]。

ですが、予算措置を伴うことは、市区町村だけでなく都道府県も国も絡《から》むことがありますし、当然、カネを出すだけで口は出さないなんてことはあまりないわけで、何らかの関与があります。

予算が関係しないことであっても、かつては「通達行政」などと呼ばれ、教育行政に限らない問題でしたが、学校や市区町村教育委員会は、国や都道府県教育員会からの通達、指示を待つ、仰《あお》ぐという姿勢がありました。２０００年に施行された地方分権一括法によって、こうした関係性は見直されたはずでしたが、いまだ、文科省等の方針や指示を待つという姿勢の教育委員会や校長らも少なくないようです。[12]

なお、法律上も、文部科学大臣は都道府県又は市町村に対し、都道府県委員会は市町村に対し、「必要な指導、助言又は援助を行うことができる」とされています（「地方教育行政の組織及び運営に関する法律」第48条）。これは一般の行政にはない、教育行政特有の制度であり、自治体の指示待ち体質（市区町村の国や都道府県に対する、また都道府県の国に対する）を高めたと言われています。[13]

11　別の例としては、コロナに関連することではありませんが、東京オリンピックに都教委が都内の公立学校にチケットを配布する予定で、これが小中学生らを「動員」している、とSNS等で話題になりました。真相は希望する学校があれば、チケット代は東京都持ちにするから、観戦してくださいというもので、義務や強制というものではなかったようです（Huffpost　２０１９年7月29日）。教科指導であれ学校行事であれ、教育課程編成に関することは校長の権限であり、都教委には「動員」する権限はありません。

12　文科省も新型コロナのことで情報が錯綜するなか、２０２０年3月から6月ごろは頻繁に各教育委員会向けに通知文を出しました。その意図は情報提供や注意喚起であったとしても、自治体側の国への依存体質を強める副作用があったかもしれません。

13　ただし、各自治体が自律的に判断、実施している政策も多いという見方もあります。制度や議論の概略については、村上祐介、橋野晶寛（２０２０）『教育政策・行政の考え方』有斐閣などを参照。

また、前述のように学力テストの結果に世間と首長等の注目が集まるあまり、教育委員会が過度かもしれないほど、各学校に関与する事態になっている地域もあります。

こうしていくうちに、それぞれの主体が「○○ができない、進まないのは××のせいだ」「本校でできることはやっているが、教育委員会の指示がないことはできない」といったエクスキューズ（言い訳）をしやすいものとなります。誰も悪気はなかったとしても。

言い換えれば、**「子どもたちの学びの継続、充実に責任をもつのは、誰か？」**と問われたとき、なかなか答えに窮《きゅう》してしまうのです。

もちろん、家庭の役割は大事です。教育基本法でも「父母その他の保護者は、子の教育について第一義的責任を有するもの」（第十条）とされています。ですが、学校の授業で習うようなことを保護者が付き添って支援するのは限界がありますし、さまざまな家庭事情もあります。

家庭だけでは十分に機能し得ないのに、子どもたちの学びに学校や教育行政が無関心でいいはずはありません。

平時ではこの問題はあまり表になっては見えてきにくいのですが、今般のような危機下においては、複雑で曖昧な役割分担の制度と運用が悪いほうに作用し、「集団無責任体質」とも言える事態に陥った自治体、学校もあったと、私は捉えています。

文科省の課長が自治体、学校にキレた!?

以上のように、文科省→都道府県教育委員会→市区町村教育委員会→学校（高校など都道府県立学校の場合は、市区町村教委の部分は除く）というタテ系列の指導体制と予算措置などの支援があり、それが学校や自治体の受け身体質を生んだという批判はあるわけですが、それだけで、コロナ禍での「フリーズした学校」を説明しきれるとは思えません。大きな理由としては3つあります。

第一に、前述のとおり、具体的な教育活動をどう進めるか、教育課程をどう組み直すかなどについては、学校側（校長）にかなり広範な権限があります。つまり、学校としては、文科省や教育委員会等の指示や「指導」を待つ必要性（必然性）はなかったのです。予算が足りないといった問題は学校単独では難しかったので、別ですが。

第二に、実際、危機下でも果敢《かかん》に主体的に動いていった学校や自治体もありました。文科省等の「指導」あるいは各種連絡（通知）が同じように届いても、対応に大きな差が生まれた原因はなんだったのかは、もっと突っ込んで考える必要がありそうです。

第三に、当の文科省が、前例や既存のルールに過度に囚われず、必要な見直しを行って、ＩＣＴ等を積極的に活用してほしいというメッセージを何度も出していました。特に20年5月11日に文科省が情報環境整備に関する説明会をYouTube上でライブ配信したのですが、そのときの髙谷課長（当時）の感情のこもった檄《げき》は、教育関係者のあいだで、当時大きな話題となりました[14]（図4－10）。

こうした事実を踏まえると、〈深層①【責任分担の曖昧さ】〉という構造的な問題が、いくつかの学校や自治体に影響した部分はありますが、それだけでは説明しきれません。

最新のキーワード「個別最適な学び」とは？

深層②【教師像との葛藤】の説明に入る前に、関連する話題から。最近「『令和の日本型学校教育』の構築を目指して」という答申が中央教育審議会（中教審）から出ました（21年1月）。これからの日本の学校教育のビジョン、大きな方向性を描いたものです。

この答申のキーワードのひとつは**「個別最適な学び」**です。文科省（≠中教審）だけでなく、経産省も近年この方向で強力に推進しています（何十億円とかけて実証事業等を展開

14　YouTube動画（https://www.YouTube.com/watch?v=xm8SRsWr-u4）ならびに文字おこしを参照。文字おこしとしては、まさきとみずもとかづきnote「〝えっ、この非常時にさえＩＣＴを使わないのなぜ？〟の文科省説明会（5月11日）を文字起こししてみた」など。

図4−10　文科省髙谷浩樹氏(情報教育・外国語教育課長)の発言要旨(一部助詞などは補足)

今はですね、前代未聞の非常時です。緊急時です。これまで多分、もちろん、忌まわしい東日本大震災とか色々ございましたが、日本全体で、これだけ、いつ何が起こるかわからない、まさにあれに匹敵するような、そして、西日本の方にとってはむしろ前代未聞なのかもしれません。非常時緊急時。なのに、危機感がない方、危機感のない自治体が多いです。(中略)

ICTやオンライン学習というものは学びの保障に当然ながら大いに役立つものです。(中略)ところが取り組もうとしない自治体さん、数多くいらっしゃいます。(中略)今、何をすべきか。使えるものは何でも使いましょう。

家庭のパソコン、それから、子供本人のパソコンでなくても家族のスマートフォンを使う。先ほどご紹介をしました。携帯各社さん、25歳以下の利用者に対して優遇措置までとっていただいてます。ある物を使いましょう。それをできることから、できる人から使いましょう。さっきの審議官の話の中でも、5%の子供ができないからということ(の)話、エピソード(の)紹介、ございました。一律にやる必要はありません。緊急時ですから。

それなのに、「いや、一律じゃないからダメなんだ」というのは、やろうという取り組みから残念ながら逃げてるというふうにしか見えなくなります。それは大きな間違いです。(中略)

更には、既存のルールにとらわれず臨機応変に、ということ。(中略)いつの間にかセキュリティーを守ることが目的化してしまって、どんどんセキュリティーが強まっていった。当然ながらセキュリティー(を)強めれば強めるほどセキュリティーは守れるんですけれども、本来の目的であったICTを使うということが全然使えなくなっている。(中略)

ルールを守るということは、最終目的ではありません。(中略)私どものところにもいろんな声が聞こえてきますが、現場の教職員がICTを使ってこういうことをやりたい、ああいうことをやりたい、こういうことやったらいいんじゃないかと、いうことが、「いや、一律にできないから」「いや、ルールにそれ沿ってないから」ということで、否定されるという悲鳴が数限りなく寄せられています。おかしいです。今の緊急時、しっかりとICTを使う。

それは1番わかってる現場の先生方の取り組みというものを潰さないように、しっかりとそこは皆様方が、そこをサポートしていかなきゃいけない。そこを是非皆様方(に)対応いただきたい、(と)いうふうに思います。

いですか？

中）。でも、「個別最適な学び」と聞いても、どういう意味、中身なのか、わかりづらくないですか？

答申の概要版の資料を見ても、文字がびっしり書き込まれていて、かなり難解です（なので、ここでは掲載しませんが、関心のある方は文科省のサイトからご覧ください）。「個別最適な学び」とは「個に応じた指導」（指導の個別化と学習の個性化）を学習者の視点から整理した概念、との説明も付いていますが、この説明も学者向けで、一般の方はもちろん、教職員にとってもわかりづらいと思います。

私なりにざっくり解釈するなら、本答申の画期的なところのひとつは、児童生徒がみんなほぼ同じ内容（同じ単元、同じ教科書や教材）を、同じペースで、同じ場所（教室）で学んでいた普段の授業について、そういう方法ばかりではなく、もっと個々の児童生徒に応じたものにしていこう、方法も多様化していこうとしている点です。「みんなちがって、みんないい」とまでは言っていないと思いますが、その方向に近づこうとしています。

もちろん、いまの新しい学習指導要領でも似たことは書かれていますので、本答申がこれまでと180度ちがっているというわけではありません。[15]

とはいえ、本書で述べてきたように、今般のコロナ危機のなか〝フリーズした〟とも言える学校の状況を直視したとき、個別最適な学びにしていくことに本格的にエンジンがかかってきた、ということだと思います。

答申では「ICTの活用が特別なことではなく『当たり前』のこととなるようにする」とも書いています。この答申を受けた教育委員会や学校が本気で動きだそうとしているかどうかは、疑問ですが……。

プロダクトアウトな教育を変えられるか？

さて、日本の先生の指導力、授業力については、高く評価する見解もあります。たとえば、OECD グローバル・ティーチング・インサイト（GTI）では、日本（静岡市、熊谷市、戸田市）、チリ、コロンビア、イギリス（イングランド）、ドイツ、スペイン（マドリード）、メキシコ、中国（上海）が参加して、数学（二次方程式）の実際の授業をビデオに撮って詳細に観察し、評価しました（2018年実施）。

「授業運営」と「教科指導」のカテゴリー（教員による観察、授業中の中断や混乱への対処、教員と生徒の対話の性質、発問等の問いかけ、認知的要求の高い教科内容への取り組み等）で

15　たとえば『教職研修』2021年1月号を参照。

は、日本の平均スコアはそれぞれトップでした。

ただし、数学的な間違いや苦戦している場面で対処しなかったり、対応が短く表面的であった授業の割合は、スペイン（78％）、中国（70％）、日本（58％）、コロンビア（56％）、イギリス（54％）ということなので、過大評価は禁物だと思います。

コンピュータや実物投影機などのテクノロジーの利用という観点では、日本の78・7％は「利用なし」で、他国と大きく離れています（図4－11）。使えばいいという話ではありませんが。

ところで、ビジネスの世界でも古くから言われていることとして、「プロダクトアウト」と「マーケットイン」という区別があります。

プロダクトアウトとは、企業がよい商品（サービス）にちがいないと思って送り出すことで、つくり手（企業側）の論理を優先させます。一方、マーケットイン（カスタマーインと呼ばれることもあります）は、顧客のニーズや欲求を踏まえて、商品（サービス）をつくっていくことです。朝専用の缶コーヒーは、忙しいビジネスマンらのニーズを捉えた、マーケットインの典型例と言われています。

ただし、どちらも一長一短ですし、両者は重なるところもあります。

図4−11　目的別テクノロジーの利用のクラス割合

	クラス数	テクノロジーの利用なし	コミュニケーションの目的のみ	コミュニケーションと限られた概念的理解	コミュニケーションと概念的理解
チリ	98	42.9%	43.9%	8.2%	5.1%
コロンビア	83	50.6%	22.9%	12.0%	14.5%
イギリス	85	0.0%	55.3%	23.5%	21.2%
ドイツ	50	24.0%	48.0%	18.0%	10.0%
日本	**89**	**78.7%**	**5.6%**	**3.4%**	**12.4%**
スペイン	85	47.1%	31.8%	10.6%	10.6%
メキシコ	103	58.3%	14.6%	7.8%	19.4%
中国	85	5.9%	70.6%	15.3%	8.2%

出所）国立教育政策研究所「OECD グローバル・ティーチング・インサイト報告書概要」

これまでの教師の役割は、教科書等に載っている世の中の知見を、つまり良質なものを、なるべくわかりやすく効果的に児童生徒に伝える、デリバリーすることに重点が置かれていました。プロダクトアウトに近い発想です。

先ほどのOECDのビデオ研究では、クラスをうまく秩序《ちつじょ》立てて、教科書等の知見を効果的に伝えるという観点で、日本の先生は優れていそうだということを示唆しています。

しかし、実際には、教師がよいと思った指導方法や学習方法、あるいは進度でも、児童生徒の能力や特性は多様ですから、合う子もいれば、合わない子も出てきます。どのような方法で学ぶのがいいのかは、人それぞれの得意（優位性）、不得意があります（少し専門的になりますが、「多重知能理論」などがベースとなっています）[16]。

日本はひとクラスの人数が多いので（海外では20人学級などもありますが、日本は最大40人）、先生一人で、一人ひとりの子に応じた学び方で進めるのは、多くの場合、困難です（まったく不可能というわけではなく、優れた授業実践も多数ありますが）。

ただし、ＩＣＴを使うとちがってきます。たとえば、同じ英語の単元でも、文法・構文の解説書とドリルから入る子がいてもいいし、画面の向こうと会話しながら学ぶ子がいてもいいし、関連する動画を観ながら学ぶ子がいてもいいわけです。

日本の教室ではテクノロジーの活用が低調であることは、前述したＯＥＣＤ調査等でも明らかですし、ＩＣＴを活用するかどうかは別としても、授業の工夫や手ごたえに自信のない先生も多いです（第3章）。これは裏を返せば、日本の学校は、個に応じた学び方を進めるという点では遅れている可能性があるということです。

変わる教師の役割

あるいは、教科書の内容、さらには教師の知っていることなどを超えた発展的な探究をしていく子もいていいわけですよね。一人一台端末と高速インターネットがあれば、容易に世界中の知見や人とアクセスできるようになるわけですし。

一人ひとりちがう子をちがった方法で励ましたり、支援したりするのが教師の役割として大きくなりつつあります。これはマーケットイン、カスタマーインに近い発想だと思います。

以上は私なりの理解で、中教審の答申でそう明確に述べているわけではありません。ですが、こう解釈したほうが「個別最適な学び」について、わかりやすくなると思います。

問題は、**かなり多くの学校の先生方、そして教育行政、さらには私たち保護者、社会の基本的な考え方、教育観などが従来のままで、モデルチェンジ、パラダイムシフトしようとしていない**ことです。

たとえば、休校中に大量の一律の宿題プリントをほぼ家庭に丸投げだったことなどは、まったくカスタマーイン、子どもたちを起点とした発想ではありませんでした。また、コンピュータは整備されつつありますが、子どもたちに「あれはするな、これはするな」と禁止ばかりな学校もあります。これでは、個々の子どもの個性や好奇心を伸ばす可能性を

16　有賀三夏（2018）『自分の強みを見つけよう――「8つの知能」で未来を切り開く』などが参考になります。

自ら潰《つぶ》していっているようなものです。

しかも、みなさんが授業参観に行ったとき、どうでしょうか？　子どもは教室でパソコンを使いながら一人ひとりちがうことをやっている。ときどきおしゃべりしながら。楽しそうですが、どこか落ち着かない。不安に思う方もいることでしょうし、「こんな進度で受験に間に合うでしょうか？」と聞いてくる保護者もいるかもしれませんね。

私が深層②【教師像との葛藤】がいまの学校の停滞を招いているかもしれないと申し上げているのは、こうした問題意識からです。言い換えれば、従来型の「児童生徒は先生の言うことを黙ってちゃんと聞いていなさい」というほうが、多くの場合、教室内の秩序は保たれているように見えますし（実際は学級崩壊などの場合もありますが）、教師も保護者も安心なのです。

それに、ＩＣＴを活用して、画面の向こうの動画の先生なり、ＡＩから学んでいると、教室にいる先生は「自分はラクをしているのではないか」「自分の存在意義は？」と不安になりますよね。[17] もともと教えたがりの人が教師になっていることが多いわけですし。

「個別最適な学び」を進めたり、子どもたちが協働して探究的に学んでいったりするなかでは、教師の役割は、ティーチング（教える）よりもファシリテーションやコーチングの比重のほうが高まる、と言われています。これもゼロか100かという二者択一でもありませんし、両方の要素がほとんどの授業でも必要なのでしょうが、従来のままの教師像を見つめなおすときにきていると言えます。

20年前のアメリカとの相似：問題はICTスキルだけではない

日本のこれからの教育のゆくえを占う上で、ヒントとなる先行例があります。20年前のものになりますが、『学校にコンピュータは必要か――教室のIT投資への疑問』（L・キューバン著、小田勝己ほか訳、2004年、ミネルヴァ書房）は、シリコンバレーでコンピュータが多数整備された高校の授業等を観察した研究です。

大方の教室は、講義、グループ討議、宿題のチェックなど典型的な授業風景のままで、ICTの活用は補助的なものにとどまるものでした。つまり、授業は昔ながらの教師主導型であり、「個別最適な学び」という理念で言われているような生徒主導型の学びにはほ

17　A・コリンズ、R・ハルバーソン著、稲垣忠ほか訳（2020）『デジタル社会の学びのかたちVer.2　教育とテクノロジの新たな関係』北大路書房の第3章なども参照。

ど遠かったのです。

見かけは最先端でも、なぜその程度の活用にとどまっていたのか。同書によると、ＩＣＴをどこまで使うかは教師の裁量内であり、個々の教師にとって、使いやすいものか、壊れてもすぐ直してもらえるか、生徒がコンピュータを利用することで教室の秩序が乱されることはないかといった疑問を十分に解消できなかったからではないか、ということでした。

もちろん、いまは20年前と比べてＩＣＴの技術も機器等もずいぶん進化しているわけですが、今日の日本でも先生たちの疑問や不安にも向き合って、必要な対策や支援を講じていかないと、各学校でＩＣＴを効果的に使っていくようなことにはならないでしょう。

先に紹介した豊福晋平先生もこう述べています[18]。

> 私は、これまで約30年にわたり、教育のデジタル化についての研究活動を行ってきましたが、実感として、その使い方は当時と本質的には変わっていないという印象をもっています。日本の多くの学校で、パソコンやタブレットといったデジタル端末は、（中略）先生の指示のあった時だけ、先生が与えた課題作業のためにだけ使われます。一方で、板書をノートに書き写すだけの一方的な講義授業スタイルは昔のまま

> ですから、端末の出番は減り、机の中にしまい込まれて死蔵され、文鎮化してしまうのです。

教育委員会などからよく聞くのは「先生たちにＩＣＴ活用のスキルアップに向けた研修をしないといけない」という話ですが、スキルだけの問題ではないのです。先生たちの授業の見方、考え方も問いなおしていく必要があります。

学校と保護者との分断はなぜ起きたのか？

コロナ禍のなかで、学校と家庭との関係に亀裂が生まれ、広がっていることを本書では分析してきました。これは多くの学校がＩＣＴ活用に消極的だったという問題だけに矮小《わいしょう》化されるものではありません。休校期間中、圧倒的にコミュニケーションが少なかったこと、きめ細かなケアが難しい家庭もあることを想定していないような対応だったこと、学校再開後もつながりが薄いまま推移したことなどが背景としてあります（第3章）。

突然直面した緊急事態にうまく対応できず、学校と保護者とのあいだのコミュニケーシ

18 ダイヤモンドオンライン「『ＧＩＧＡスクール構想』で学校教育の現場はどうなるのか」２０２１年2月4日

ヨン不足と信頼関係の「分断」が進んだ1年であったと言えると思います。
こうした事態は学校も教育委員会も保護者も誰も望んでいなかったはずなのに、なぜこんなことになってしまったのでしょうか。私が考える答えが、深層③【過去の成功モデルへの依存】です。

教育・仕事・家族が強固に結びついていた時代

少し詳しく解説します。本田由紀教授（東京大学）は、高度経済成長期の日本社会で**「戦後日本型循環モデル」**が形成され、石油危機からバブル崩壊までの安定成長期に、このモデルが定着・普及していった、と分析しています[19]。

「戦後日本型循環モデル」とは、教育・仕事・家族という3つの社会領域が堅牢《けんろう》に結合されていたことを指しています。具体的には、教育と仕事との関係では、高度経済成長期に高まった労働力需要に対して、学校教育は新規の労働力を供給し続けてきました。企業等の側は新卒一括採用という日本に特異な雇用慣行で受け入れて（吸収して）きました。

仕事と家族との関係性を見ると、日本型雇用慣行である長期安定雇用と年功的な賃金制度のもと、その見込みにもとづいて結婚し、子どもをつくることができていました。この時代は主には父親が安定的に稼《かせ》いでこれましたから。

家族と教育との関係では、家族、主に母親が子どもの教育に多大な費用と情熱（意欲）をかけて関わってきました。メディアにも繰り返し取り上げられた「教育ママ」の登場です。ここでの教育は、学校教育だけでなく、塾や習い事も含んだものです。

このように、教育→仕事→家族→教育……の一連の流れが、一方方向の矢印ではありますが、結びつき、社会がうまくまわっていた。これが「戦後日本型循環モデル」というわけです。

本田先生の図解を少し変更して、地域という視点も含めて表わすと、図4－12のように理解できると思います。

この循環モデルが強固になる時代は、地方から都市部への大量の人口移動も起きた時期と重なります。居住する地域のことに愛着が比較的薄く、参加する余裕のない家庭も増え、地域の結びつき、コミュニティは弱くなっていきました。

それに呼応したのか、従来は地域で担ってきたことの一部も、学校教育が吸収するようになりました。たとえば、校外で児童生徒がトラブルを起こすと、昔は地域の人が叱《しか》ってくれていたものでしたが、学校に通報の電話がくるようになりました。中高生の課外活動

19　本田由紀（2014）『社会を結びなおす　教育・仕事・家庭の連携へ』岩波書店

図4−12　戦後日本の教育・仕事・家族の循環モデルと地域

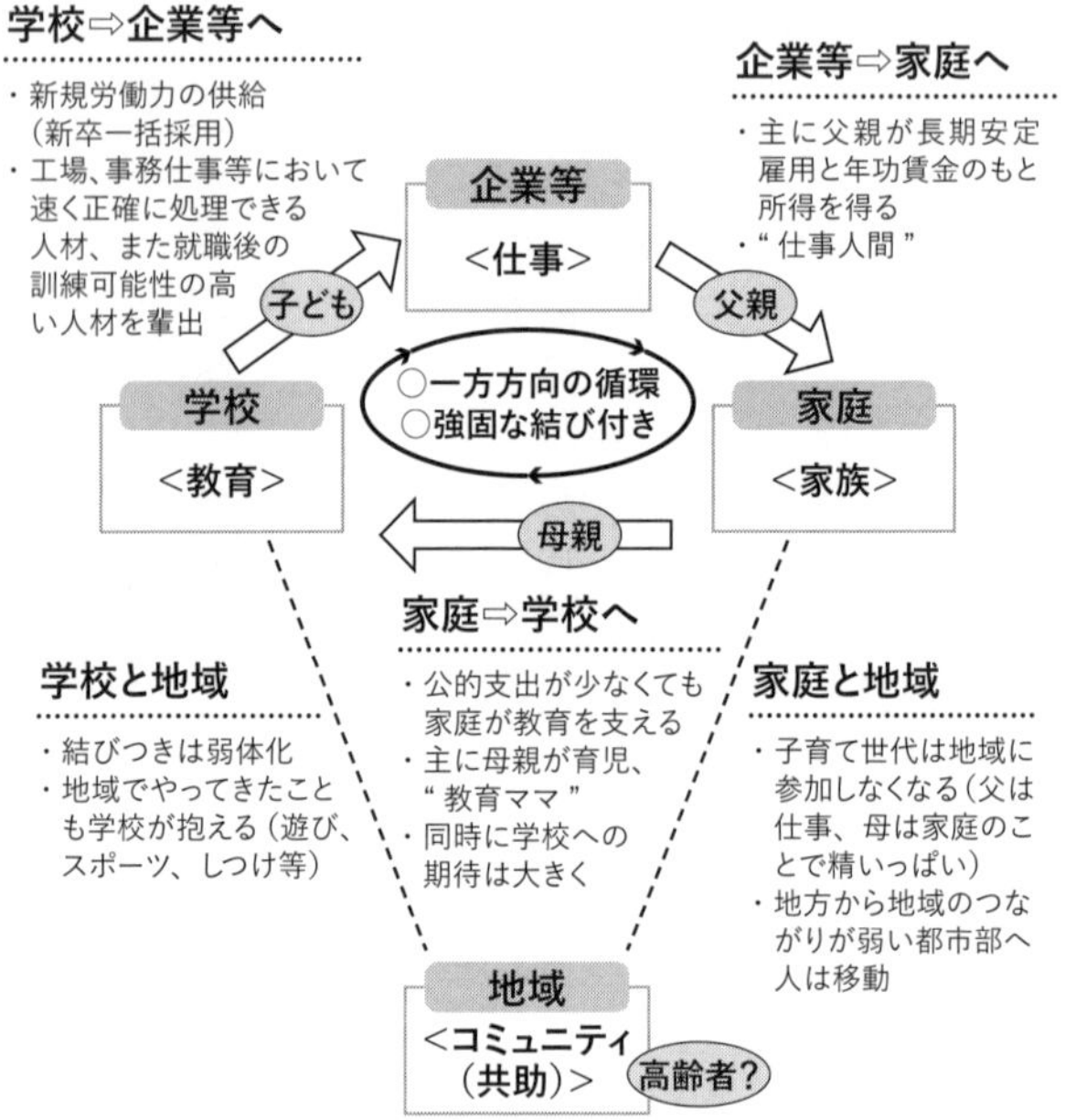
学校⇨企業等へ
・新規労働力の供給（新卒一括採用）
・工場、事務仕事等において速く正確に処理できる人材、また就職後の訓練可能性の高い人材を輩出
企業等⇨家庭へ
・主に父親が長期安定雇用と年功賃金のもと所得を得る
・“ 仕事人間 ”
企業等
<仕事>
子ども
父親
○一方方向の循環
○強固な結び付き
学校
<教育>
家庭
<家族>
母親
家庭⇨学校へ
・公的支出が少なくても家庭が教育を支える
・主に母親が育児、“ 教育ママ ”
・同時に学校への期待は大きく
学校と地域
・結びつきは弱体化
・地域でやってきたことも学校が抱える（遊び、スポーツ、しつけ等）
家庭と地域
・子育て世代は地域に参加しなくなる（父は仕事、母は家庭のことで精いっぱい）
・地方から地域のつながりが弱い都市部へ人は移動
地域
<コミュニティ（共助）>
高齢者?

出所）本田由紀（2014）『社会を結びなおす　教育・仕事・家族の連携へ』岩波書店を参考に筆者作成

も地域でのスポーツや文化活動ではなく、学校の部活動が拡大するなかで進みました。

戦後日本型循環モデルの揺らぎと破綻

ところが、1990年代以降に日本経済が低成長になるにつれ、**戦後日本型循環モデルはうまく回らなくなっていきました。**本田先生は「これまでの三領域（引用者注：教育・仕事・家族）の間に太く堅牢に成立していた矢印の一部が、ある領域から別の領域に資源を注ぎ込める矢印とはもはや言えないような、ぼろぼろに劣化したものとなってきた」と述べています[20]。

具体的には、仕事の点では、景気が低迷するなかで、日本企業のなかには、正社員の新卒採用を抑制し、非正規雇用を増やすことで対応するところも増えました。すると、ほかの領域とも噛《か》み合わなくなっていきます（図4－13）。教育を終えても安定性や将来性のある仕事に就けない人や家族を形成するのに十分な資金を仕事からは得られない人も増えました。こうして結婚できない、しない人は増加し、家族を形成できても、子どもの教育にかけられる資金は家庭の家計水準などの格差を反映して、大きな差がつくようになりま

20　本田由紀（2014）『社会を結びなおす　教育・仕事・家庭の連携へ』岩波書店　P39

図4－13　戦後日本の教育・仕事・家族の循環モデルの揺らぎ、あるいは破綻

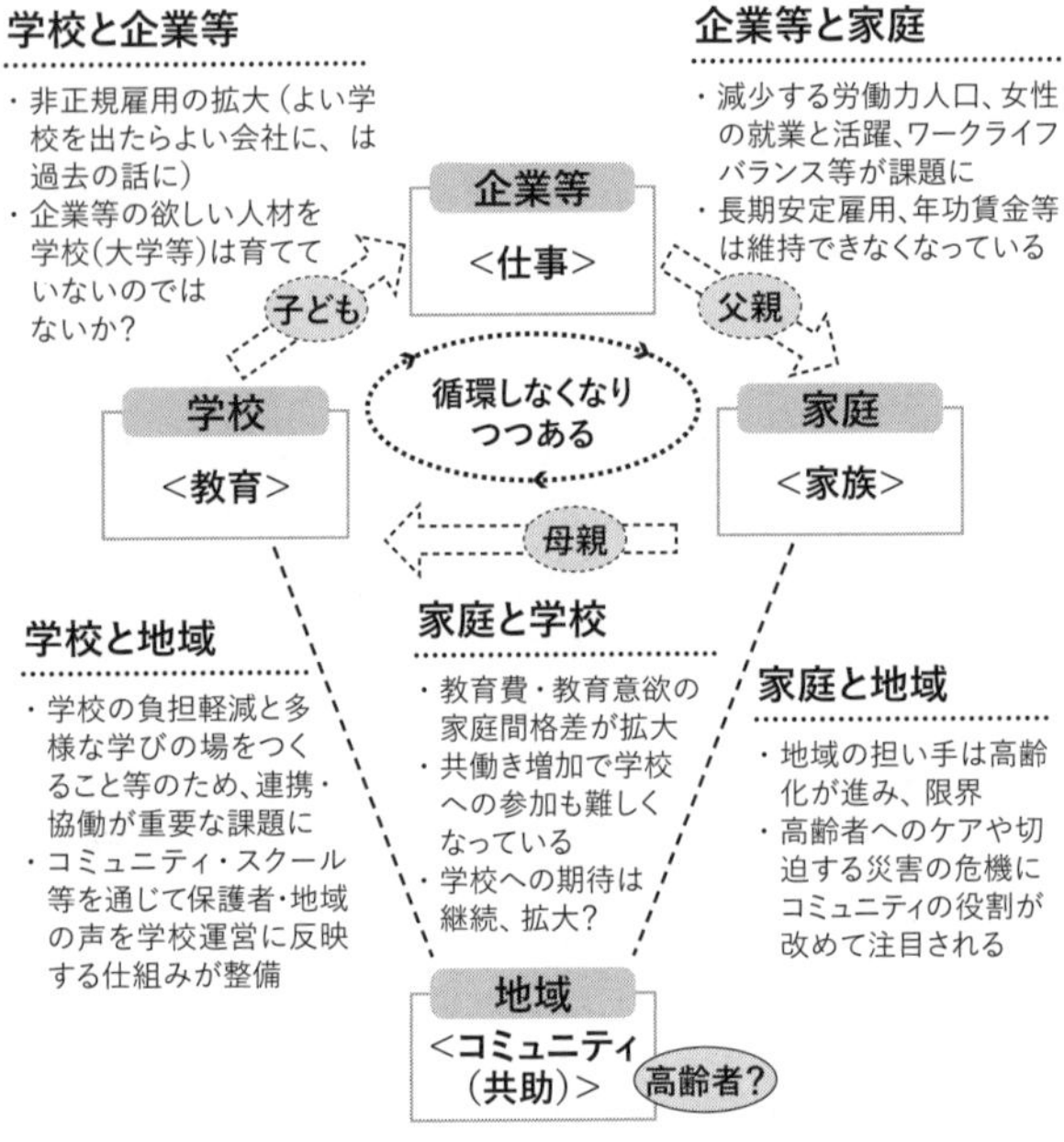
学校と企業等
・非正規雇用の拡大（よい学校を出たらよい会社に、は過去の話に）
・企業等の欲しい人材を学校(大学等)は育てていないのではないか？
企業等と家庭
・減少する労働力人口、女性の就業と活躍、ワークライフバランス等が課題に
・長期安定雇用、年功賃金等は維持できなくなっている
企業等
＜仕事＞
子ども
父親
学校
＜教育＞
循環しなくなりつつある
家庭
＜家族＞
母親
学校と地域
・学校の負担軽減と多様な学びの場をつくること等のため、連携・協働が重要な課題に
・コミュニティ・スクール等を通じて保護者・地域の声を学校運営に反映する仕組みが整備
家庭と学校
・教育費・教育意欲の家庭間格差が拡大
・共働き増加で学校への参加も難しくなっている
・学校への期待は継続、拡大？
家庭と地域
・地域の担い手は高齢化が進み、限界
・高齢者へのケアや切迫する災害の危機にコミュニティの役割が改めて注目される
地域
＜コミュニティ(共助)＞
高齢者？

出所）本田由紀（2014）『社会を結びなおす　教育・仕事・家族の連携へ』岩波書店を参考に筆者作成

した。

こうした影響は学校教育にも出てきます。塾などでずいぶん先まで進んでいる子もいれば、家族の困窮や不和などでつらい思いをしている子など、さまざまな子が同じ学級にいるわけです。学校への保護者の要求も多様化、高度化していきました。

他方、社会、企業等の側から見れば、学校が社会に必要な人材輩出機能を十分に果たしていないのではないか、という批判も高まっていきます。従来は、長期安定雇用のもと企業内で育成していけばよかったのですが、そんな余裕がなくなっていったこととも重なります。

また、近年は労働力人口が減るなかで、高齢者や女性等にとっても働き続けられる職場である必要性が高まっています。「仕事人間」の父親だけが稼いでくるモデルは過去のものになっています。

ここでも私のほうで「地域（コミュニティ）」という視点も加えていますが、言うまでもなく、地域（都市部も含めて）では超高齢化が進行しています。東日本大震災をはじめ、相次ぐ自然災害のもとで、地域コミュニティの重要性は多くの人に認識はされていますが、高齢化が進むなか、誰が誰を支えることができるのか、問われています。

学校と地域との関係も変化が起きています。学校がさまざまなことを抱え込むのは、教職員の多忙を見ても持続可能とは言えない状況にきています。かといって、大きな予算が学校教育に付くわけでもないので、学校と地域との連携・協働に期待が集まっていますが、安上がりの「労働力」として地域や保護者のボランティアに期待するのも問題がありますし、うまく進んでいるところばかりではありません。

データからも確認できる社会変容

いくつか基礎的な統計調査からも、学校を取り巻く社会が大きく変わってきていることを確認できます（図4－14）[21]。

まず、平成の約30年間に経済は低成長が続いていて、貧困家庭（ここでは就学援助などの支援を受ける児童生徒の比率、援助率）は1990年代後半～2010年ごろまで増加を続け、2010年代も約15％の水準で推移しています。

貧困家庭が増えるほぼ同じ時期には、非正規雇用が拡大しており、女性の従業員の約半数は非正規、男性も約15％が非正規です（10歳刻みの統計のうち、ここでは小中学生らの保護者世代の可能性が高い15～54歳に注目しました）。

21　労働政策研究・研修機構のウェブページ「早わかり　グラフでみる長期労働統計」等を参照しました。

図4−14　学校に関連の深い社会変容を示す3つのデータ

1. 実質GDP成長率と援助率

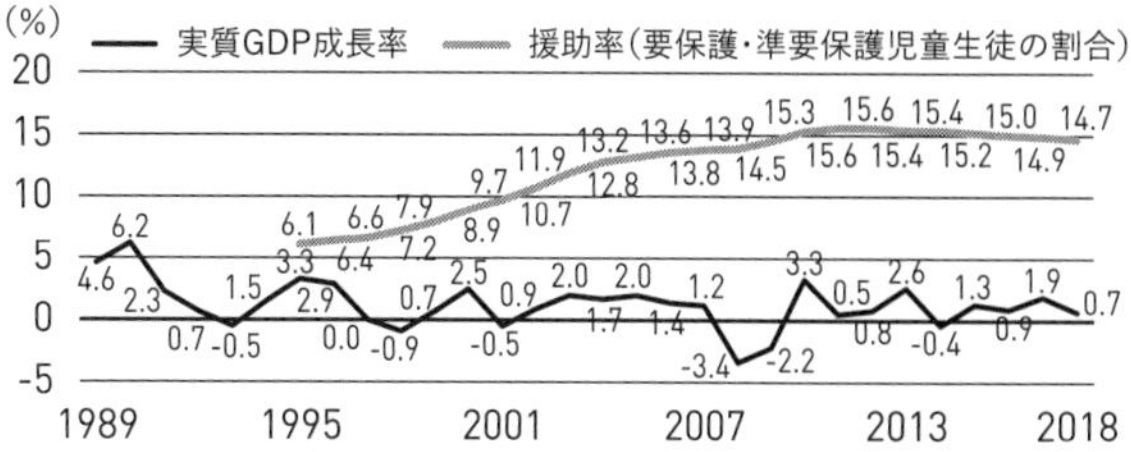

※GDPは内閣府「国民経済計算」、援助率は文部科学省資料をもとに作成

2. 非正規雇用の比率(男女)

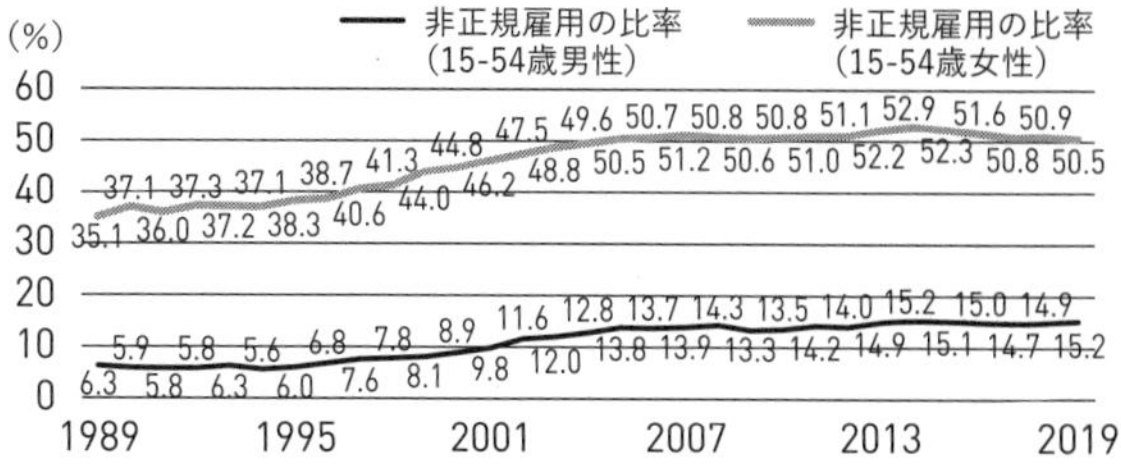

※15〜54歳の雇用者(役員を除く)に占める非正規雇用の割合。「労働力調査」をもとに作成。

3. 専業主婦世帯と共働き世帯の比率

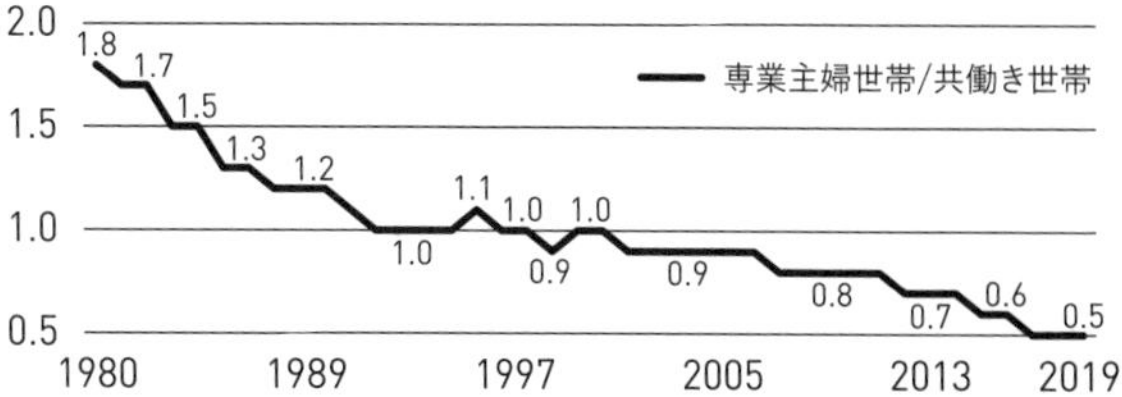

※専業主婦世帯(男性雇用者と無業の妻からなる世帯)と共働き世帯(雇用者の共働き世帯)との比率。「厚生労働白書」、「男女共同参画白書」、「労働力調査」をもとに作成。

保護者に専業主婦が多かった時代も過去のものになりつつあります。統計は保護者に限定したものではありませんが、専業主婦世帯と共働き世帯の比率を見ると、１９８０年代前半は専業主婦世帯のほうが約１・５倍であったのが、２０００年代からは共働き世帯のほうが多くなり、直近では専業主婦世帯は共働き世帯の約半分しかいません。

過去のモデルから抜けきれないのは学校もＰＴＡも

こうして教育・仕事・家族の３領域、さらには地域も加えると４領域の関係性は確実に変容し、ほころびも広がっているなかに、新型コロナウイルスがやってきました。しかも、感染防止のためソーシャル・ディスタンスを保たなければならないということで、４領域のあいだのコミュニケーションは激減し、関係性は希薄化し、あるいは分断されつつあります。

そして、やっかいなことに、コロナ前から以上のような変化が起きていたのにもかかわらず、**学校や教育行政の関係者の多くのアタマのなかは、「戦後日本型循環モデル」のレガシーからアップデートされないままだったのではないか。**これが、〈深層③【過去の成功モデルへの依存】〉で申し上げたいことです。

わかりやすいのは、学校から保護者への連絡・コミュニケーション手段です。学校からのお便りはプリント、欠席連絡は連絡帳か電話という学校も多いのではないでしょうか。ICTも発達しておらず、かつ専業主婦、「教育ママ」も多かった時代はそれでもそれほど問題や不便は生じなかったかもしれませんが。

もうひとつの例は、PTAをめぐる議論です。ちょうどここ数年、PTAに加入したくないという保護者も増えてきたことが度々報道されるようになってきました。私は子どもの小学校のPTA会長を含めて役員を何年か経験していますが、PTAへの世論や保護者の見方が確実に変わってきたことを実感しています。

PTAももちろん、地域や学校によって活動はさまざまですが、昔ながらの活動としては、平日の昼間に主にお母さん方が集まって、ベルマークの集計作業をしたり、学校支援の活動（うちの学校では校内のペンキ塗りなど）をしたり、校長と懇談したりしています。専業主婦が多かった時代のままのやり方を続けているPTAも少なくないかもしれませんが、これが問いなおされているところです。

一方で、依然として子どもの入学と同時にPTAに自動加入という方式を続けているところも多くあります。ネットで情報も広がるなか、「なぜ任意団体のPTAに強制的に入らないといけないのだ」という疑問をもつ方が増えても当然のことだと思います。

つまり、「戦後日本型循環モデル」のままの発想では立ちゆかなくなっている部分は、学校にもPTAなどについても言えます。

独自に「進化あるいは退化?」した日本の学校

学校のICTについて言えば、豊福晋平先生は**「学校側が自分たちのテクノロジーの使い方を正当なものだと主張して絶対に譲らないこと」が学校内外の学習目的でのICT活用を阻害してきた**、と述べています。[22]

昔の学校は、ミシンやオルガンなど、家庭にはなかった当時の最先端のテクノロジーに触れ、学ぶ機会を提供するところでした。ところが、ICTについて言えば、ここ十年あまり、学校が一般の家庭や企業よりも遅れを取るようになり、その弊害が目立ってきました。先生たちのなかにはメールすらほとんど使わず(ましてやMessengerやSlackなども)、電話連絡がメインという人もまだ多いことは、ビジネスパーソンから見ればやや奇異に映ることでしょう。[23]

そうして、家庭内ではYouTubeやSNSを使う中高校生、保護者らが多くなったにもかかわらず(動画サイトは小学生もよく使いますね)、学校内ではスマホ持ち込み禁止に見られるように、ICTをはじめとするテクノロジーは、生徒指導、生活指導上の面倒を引き起こすものとしてネガティブに捉えられる傾向がありました。そのため、かなりの学校では、情報モラル教育の名のもとで、スマホ依存やネット・トラブルなどの危険性ばかりが強調され、子どもたちにテクノロジーの活用を抑制・禁止するよう働きかけてきました。

こうした、いわば俗世とは隔絶された空間に学校がなっていくことは、確かにトラブルの防止などには多少役立ったかもしれませんが、それでも本来、家庭内または家庭間でのトラブルである、たとえばＬＩＮＥ外《はず》しなどが「いじめ」として学校にも持ち込まれました。その結果、先生たちはもっとテクノロジーを悪者扱いし、忌避《きひ》するようになっていきました。

同時にＩＣＴ抑制、禁止の弊害のほうも大きくなっていきました。日本の児童生徒が趣味や消費的な活動ではＩＣＴを使うが、学びや生産的な活動（表現などのアウトプットや社

22　坂本旬ほか（２０２０）『デジタル・シティズンシップ　コンピュータ１人１台時代の善き使い手をめざす学び』大月書店　Ｐ１０１

23　ちなみに、私はよく教職員向けの研修講師をしているので、その調整をおもにはメールかMessengerで行っています。ところが、電話での調整のほうが好きな先生たち（教育委員会職員を含め）がまだ一定数います。「メールだと失礼にあたるので、電話か対面でご挨拶させていただきたい」とまでおっしゃる方もいますが、電話や対面のほうが相手の時間を奪うということを想像できていないのでしょう。

図4－15　日本の学校外でのデジタル機器の利用状況

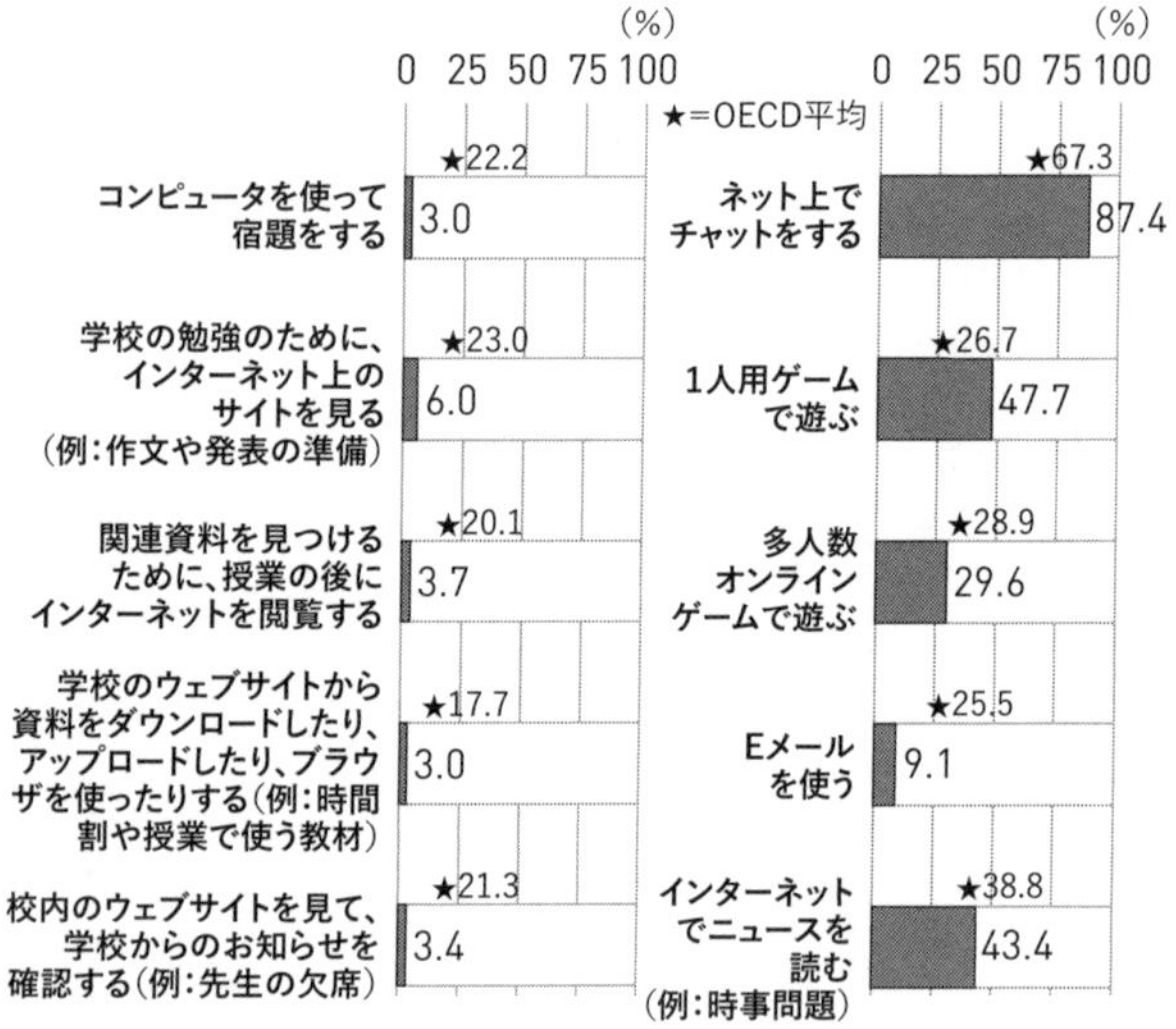

出所）文科省・国立教育政策研究所「OECD 生徒の学習到達度調査2018年調査（PISA2018）のポイント」

会等への貢献）にはほとんど使っていないという、他の先進国から見れば、10年も20年も遅れたような状態になってしまいました（図4－15）。「ガラパゴス化」です。[24]

こうして**過去のモデルにしがみついたままで、アップデートしようとせず、テクノロジーを避けてきた地域、学校では、今般の休校では大慌《おおあわ》てすることになりましたし、休校中の反省と改善が十分にできていない学校等では、GIGAスクール構想で大量の端末が急に納品されてまた大慌て**になっているわけです。

露口先生らの研究で、校長や教

育長の指導観が学校のＩＣＴ活用度に影響するというものがありましたが、以上の文脈、経緯のなかで捉えると、より理解が深まるのではないでしょうか。

しろうと理論とＫＫＤによる学校運営

最後の深層④【組織学習の脆弱さ】は、深層①②③で述べてきたこととも一部重なります。責任分担が曖昧で他人（他組織）のせいにしたいときであっても、あるいはこれまでの教師像や過去の成功モデルとのギャップがあることであっても、「本当にこのままでいいのだろうか」「この取り組み（あるいは動き出さないこと）が真に子どもたちのためになるのだろうか」と考え抜くことができていれば、休校中も学校再開後も、多くの学校の行動はもっと変わっていたのではないかと思うからです。

こうした問題と関連深いのが、心理学で**「しろうと理論（lay theory）」**と呼ばれてきたものです。[25] 読者のみなさんにとってはあまり聞きなれない言葉かもしれませんが、たとえば、経験を積んだタクシードライバーは、「この時間帯に、どこの道を回れば、乗客を拾

24　ガラパゴス諸島の生物のように、外界から隔離されたところで独自に「進化」していることを指しています。

いやすい」といったことを知っていますね。あるいは、先生たちは、不登校ぎみだった子が久しぶりに登校してきたとき、こういう声がけをしたほうがよい（逆に、こういう声がけはしないほうがよい）という暗黙知をもっているものです。

これらは科学的な検証を経ていないけれども、実務には役立つ「しろうと理論」です。常識概念、日常の理論、実践家の持論と呼ばれるものとも類似しています。「しろうと理論」と対をなすのは「科学的理論」です。ただし、両者の境界はそれほど明確なものではないときもありますし、どちらが優れていると一概に言えるものでもありません。

ところで、私は、校長向けの研修や本などで「ＫＫＤによる学校運営をしていませんか？」とたまに呼びかけています。「ＫＫＤ？」と不思議に思われた読者も多いことでしょう。企業経営などでも言われていることで、「経験と勘と度胸」の略です（笑）。

ＫＫＤが一概にダメだと申し上げているのではありません。ＫＫＤによる経営が有効に機能する場面も多々あることでしょう。しかし、過去に有効だったことがいまはうまくいかないかもしれません。ＫＫＤによる思い込み、「しろうと理論」だけを頼りにしては危うい場面もあるのではないでしょうか。

見たいと欲する現実しか見ていない

人間ならば誰にでも、現実のすべてが見えるわけではない。
多くの人は、見たいと欲する現実しか見ていない。

これは、古代ローマの政治家で、世界史のなかでも屈指の人物とされるユリウス・カエサルの言葉だそうです（塩野七生『ローマ人の物語』）。この人間の本質は、カエサルのいた二千年前からそれほど変わっていないのではないでしょうか。

すべての人がそうだとは申しませんが、人は自分の経験知に合わない事実を目の当たりにしても、「あれは例外的なことだ」とか「特殊な事情だ」と言い訳をして、自分の思い込みや信念を修正しようとしない傾向があります。

これが「しろうと理論」のやっかいなところで、人は、**自分の持論に合う事実や自分の意見を裏付けるような情報だけを優先的に探して、目に止めて「しろうと理論」をより強固にしてしまうのです。**私にとっても、耳の痛い話です。

25　学校組織について述べたものではありませんが、服部泰宏（２０２０）『組織行動論の考え方・使い方─良質のエビデンスを手にするために』有斐閣が参考になります。

この現象は「確証バイアス」あるいは「マイサイド・バイアス」とも呼ばれるものです。[26]マイサイド、つまり、自分にとって都合のよい情報を過大評価してしまうわけですね。

ちょっと理屈っぽい話が続きましたが、コロナ危機のなかで、主体的に動けなかった学校の深層、教職員の心理を探る上で参考になると思います。

たとえば、20年4月の時点で、公立でも熊本市などではオンラインでの朝の会など健康観察を始めたわけですし、私立学校などにもオンライン授業等を実施する動きがあり、よく報道もされました。

ところが、「いや、あれは熊本市（あるいは私学）だからできることだ」「近隣校だってほとんどできていない」「家庭で端末や通信環境が整わないのだから仕方がない」と**「できない理由」ばかり列挙して、「どうすればできるようになるのか」に思考力を使おうとしなかったのかもしれません。**

あるいは、「すべての児童生徒を同じように扱えないのは不平等だ」という長年の教師経験から獲得した持論、「しろうと理論」から、かなりの教育関係者は離れようとはしませんでした。前にも述べたとおり、その結果、家庭任せでいると格差、不平等を拡大させてしまうことになるとは、捉えなかったようです。

シングル・ループ学習とダブル・ループ学習

再び少し理論的な話になりますが、ハーバード大学のC・アージリスとマサチューセッツ工科大学のD・ショーンは、組織における学習のプロセスには「シングル・ループ学習」と「ダブル・ループ学習」の2つがあると提唱しました。企業の人材開発などに携わっているビジネスパーソンなら知っている方は多いと思いますが、学校や行政組織にとっても重要な考え方だと思います。[27]

アージリスとショーンは、学習とは期待した結果と行為した結果の不一致を発見、それを修正するプロセスと定義します。シングル・ループ学習とは、不一致を発見した際、どうすれば問題を解決できるか、どうすれば設定された目的をスムーズに達成できるかと、組織の既存の枠組みや価値の枠内で行為を修正しようとする学習です（図4－16）。「しろうと理論」をずっと増幅していく姿は、過去の学習や成功体験を通じて獲得した既存の枠組みのなかで考える方法であり、シングル・ループ学習と言えます。

これに対して、ダブル・ループ学習とは、不一致を発見した際、組織の枠組みや価値そ

26 デビッド・ロブソン著、土方奈美訳（2020）『The Intelligence Trap　なぜ、賢い人ほど愚かな決断を下すのか』日本経済新聞出版
27 佐古秀一、曽余田浩史、武井敦史（2011）『学校づくりの組織論』学文社も参照。

図4−16　シングル・ループ学習とダブル・ループ学習

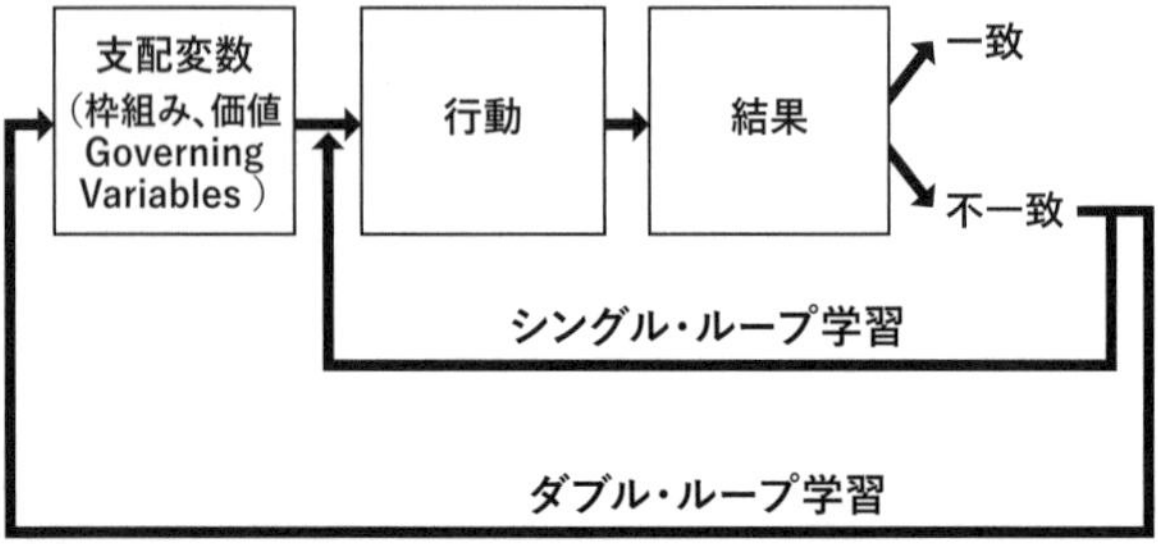

出所）C. Argyris, On Organizational Learning 2nd ed. Blackwell Publishers 1999, p.68をもとに作成

のものの適切さを吟味《ぎんみ》し、再構成したうえで修正する学習を指します。

休校中の反省を活かしているか

全国一斉の休校から1年あまりが過ぎたわけですが、かなりの学校が「あれは過ぎたこと」「あのときはほんと大変だったね」という程度で、あまり突っ込んで課題や問題点などを振り返っていないように思います。

私が全国公立学校教頭会等の協力を得て21年3月にアンケート調査をしたところ、休校中の課題や問題点について話し合い、「できることから実施した」という回答が約85％ありました。[28] ですから、手をこまねている学校ばかりではありません。

一方で、この1年のあいだにICTを活用した健康観察や双方向性のある授業の試行、テストを行ったか聞いたところ、「全学年・学級で実施した」は約2割で、半数は実施していませんでした。

「新型コロナの影響で、保護者と話す機会や会う機会が減り、お互いに考えてることが見えづらいなど、コミュニケーション不足の問題を感じることはありますか」という質問に対しては、約3割の教頭等が「強くそう思う」、5割が「そう思う」と回答していますが、保護者との連絡・コミュニケーション手段は「お便り（プリント）や一斉配信メールでの連絡が大半」が約95％です。

ですから、問題等に目を背けている人ばかりというわけでは決してありませんが、まだまだ深い反省になっているとは限らないし、行動には移せていない学校も多いように思います。

また、小中学生たちにパソコン端末の整備が進むのは朗報ですが、仮にいま休校になっても万全な体制になっているとは言い難い状況が続いています。

教育新聞社の21年4月の調査によると、端末の持ち帰りについては「許可する・する予

28　44人の小中学校等の副校長・教頭が回答。なお、全国教頭会の役員等から協力を得たため、回答者に偏りはあります。

定」が44・5%で、「許可していない・しない予定」が38・7%と割れています。持ち帰りを認めないとした教員にその理由を尋ねたところ、「使用ルールが確立していないから」(59・4%)と「紛失・破損の恐れがあるから」(57・2%)の2項目が過半数を占めました。

各学校、地域でさまざまな事情や配慮はあるのでしょうが、「使用ルールが確立していないから」などと言われても、この1年あまり、何をしていたのでしょうか? 紛失・破損は然るべき誓約を家庭と交わすなり、保険に入るなりしたらよいでしょう。「紛失・破損の恐れがあるから、教科書の持ち帰りは禁止します」という学校があるでしょうか? まだまだ休校中の反省はどこへ行ったのやら、という状態の学校もあると言えます。

教育委員会の役割、責任も重大です。個人情報保護の問題に対処したり、紛失やトラブルに備えた準備を進めたりするのは、各学校の独自性はあまり必要ではありませんし、市区町村等で統一的に進めていけることです。教育委員会もたいへんではありますが、端末を調達・整備することだけに一生懸命で、利活用は学校に丸投げでは、問題です。学校や児童生徒が使用できるアプリ等の規制が多い教育委員会も、本当にそれでいいのか、再検討してほしいと思います。

学校評価では無難なことしか検討しない

学校教育法上で、小中学校、高校、特別支援学校等は、学校評価（そのなかでも自己評価）を実施することが義務付けられています。「はじめに」でも述べたように、私は、ウェブ上で公開されている２０２０年度の評価結果（報告書や評価シートなど）を20校以上読んでみました。休校中の子どもたちへのケアや家庭学習支援、また学校再開後のＩＣＴ活用などについて、**しっかり反省していると思えるものは、１校もありませんでした。**ゼロです。

いくつか例を挙げると、[29]以下のとおりです（妹尾のコメントを付記します）。

●「コロナ禍であっても学校ホームページや学校だよりなどで広報を行う」（中学校）

↓相変わらず、一方通行的に情報を伝達すればよいという考えでよいのだろうか。休校中は家庭での児童・生徒の様子がわからず、双方向性のあるコミュニケーション手段がなかったことが悔《く》やまれたであろうはずなのに、その反省は見えない。

29 すべて実例から引用。文意を変えない範囲で多少、文言の編集、修正はしています。

●「ほぼ全ての評価項目において保護者の肯定的回答が増加した。コロナ禍における様々な制限がある中であっても、職員の取組の成果が現れた結果である」（高校）

↓肯定的な回答が増加したのはよいことだが、そう楽観視していて大丈夫だろうか。学校側が質問しなかったことも含めて、この1年を振り返ることはできているだろうか。

●「学力向上対策のシートを活用して、授業力向上を図った」（小学校）

「チャイム着席、聞く態度など、授業態度は良好であったが、一部、集中できない生徒もいた」（中学校）

↓標準化されたシートやチェックリストにある授業方法を守ることが目的化していないだろうか。休校中に広がった可能性のある学力格差の問題や学習上しんどい子への支援などには一切触れられていない。

●「朝食をとる、約束したメディアの時間を守る、寝る時間を守る」などの児童アンケート結果で肯定的な回答が約9割であった。今後も意識させていく」（小学校）

↓休校中の生活リズムの乱れについては、家庭の役割が大きいとはいえ、なにも触れられていない。また、アンケートに肯定的な回答が大半であっても、そうではない児童（約1割）へのケアについて、具体的に検討できていない。

●「新型コロナのため、自由な授業形態をとれないことも多くあるが、児童の意欲を大切にした授業にしていきたい」（小学校）

↓休校中に児童の意欲はどうだったかの反省はない。コロナでさまざまな制約はあるとはいえ、そのなかでも主体的・対話的な学びにしていける工夫もあるはずなのに、具体的に踏み込んで検討できていないのではないか。

●「あいさつのできる児童・生徒が増えている」（小学校、中学校）

↓大事なことではないとは言わないが、比較的些細《ささい》なことであり、コロナ禍での学校の役割を考えるとき、もっと重要な問題、課題に向き合うことが必要ではないか。

振り返りが形骸化するのは、忙しいからなのか？

こうした記述は一部の例に過ぎませんが、かなり無難な文章で済ませているところが多いように感じました。言い換えると、「それで評価したことにする」形骸化《けいがいか》した様子がうかがえます。

この背景には、コロナ前から今日に至るまで、先生たちが以前と変わらずとても忙しいことも影響しているでしょう（第3章）。「じっくり話し合っている時間が設定できない、もったいない」「学校評価のような書類作業はカタチを整えて、やったことにしておきたい」ということかもしれません。

そうした事情を考慮する必要はありますが、1時間や2時間でも教職員で議論する時間がまったく取れないというわけでもないでしょう。中学校や高校では部活動にもっと多くの時間を使っていますし。それに、コロナ前のデータとはなりますが、[30]小学校では研修会（校内）を年間平均約20回、中学校も平均約10回実施していますから、授業研究や不祥事防止に偏りがちな研修を1、2回分もらって、休校中や学校再開後の反省点にしっかり向き合うことはできるはずです。

「波風を立てかねないことは書かないし、突っ込んだ検討もしない」「寝た子は起こすな」という心理が働いているとすれば、それは大きな問題だと思います。

私はバイアスのかかった色眼鏡で見ているから、そう感じたのかもしれませんが、ぜひ読者のみなさんも、ご自身のよく知る学校のホームページ等から直近の学校評価シート等をご覧になってみてください。

目の前の業務や手段の議論だけに終始するな

では、どのような振り返りと改善が必要だったでしょうか。

たとえば、修学旅行について言えば、コロナの影響で中止するか否か、あるいは実施するとしたら、どう感染症対策を図るか（いつもよりバスを多めにして分散させるなど）とだけ検討するのでなく、「そもそも、なんのために修学旅行はやっていたんだっけ？」というおおもとから見つめなおすことが必要だったと思います。

そうすると、「単なる思い出づくりのためだったら〝修学〟に十分なっていなかったよな」とか「テーマパークに行くことが修学旅行の目的ではないのだし、コロナ禍で制約は

30　ベネッセ教育総合研究所「第6回学習指導基本調査 DATA BOOK」。2016年の実績。

あるけれど、もっと別のプログラムを考えてみよう」という発想になったと思います。[31]第3章で述べたとおり、子どもたちの企画力や自治を大事にした進め方もできたのではないでしょうか。

ＩＣＴの活用について言えば、パソコン等が整備されていても「あれはダメ、これもダメ」と禁止事項を多く並べようとしている学校、教育委員会はたくさんあります。生徒指導で大変だった時代を経験してきた学校であればあるほど、事前にトラブルの芽は摘んでおきたいという発想になりやすいのでしょう。

ですが、「ＩＣＴを活用して、そもそも、どんな学びを実現したいのか」問いなおすことが肝要です。すると、たとえば、生徒たちが教科書や教室の枠に囚われず、世界中の人々や知見とつながることができることが大切だと気が付きます。また、子どもたちの主体性やデジタル・シティズンシップという考え方を踏まえると、大人の側が一方的に禁止事項を並べることに疑問符が付くのではないかと思います。

別の例を挙げるなら、新型コロナの影響で家計が急変したところには就学援助等の支援策があります。校長や学校事務職員のなかには、「その案内プリントは各家庭に配布しましたよ」ということで仕事を「した気になっている」方が多いのではないでしょうか。

少し考えるとわかることですが、そういう家庭はたいへんな中ですから、子どもからのプリントを読んでいないかもしれませんし、支援策などの情報にも疎《うと》い可能性がありますよね。であれば、たとえば、担任等と連携して保護者面談をなるべく早めに設定してもらい（感染予防には留意しつつ）、面談の場で必ず支援策の案内をするなど、できることはあったはずです。

これまでのやり方やルーティンをこなすことだけに囚われず、そもそもなんのためにやっているのか振り返り、その目的を達成するための手段、選択肢を広く検討して、改善を図る。これがダブル・ループ学習です。

防衛的思考が学習を阻害する

私はなにも、学校の先生たちや教育行政の方たちを一方的に責め立てたいのではありません。組織的にうまくいかなかったことから学んだり、これまでやってきたことを「本当にそれでよかったんだろうか？」と問いなおすことは、だれにとっても、どんな組織にと

31　修学旅行の問題点などについては、妹尾昌俊「思い出づくりのためだけなら、修学旅行はいらない　コロナ禍で修学の意味を問いなおす」Yahoo!ニュース２０２０年10月４日。

っても、簡単なことではありません。しかし、とても大事なことですし、だからこそ『教師と学校の失敗学』と本書を名付けたのです。

アージリス教授によると、多くの組織、職業は、シングル・ループ学習にとどまっています。なぜ、そうなるのか。氏の指摘を踏まえて、2点に整理します。

ひとつ目は、**人は防衛的思考になりやすい傾向**があります。つまり、自分の行動やその結果について、他人からの批判をかわそうとしたり、他人のせいにしようとしたりします。とりわけ、その傾向は専門職において顕著だと氏は述べています。**多くの専門職は失敗を経験することが少ないため、失敗から学ぶということが下手なのです。**

アージリス教授の論文で挙げられている具体例のひとつは経営コンサルタントです。多くのコンサルタントは学習意欲が低いというわけでも、また頭の回転がよくないというわけでもなく、専門知識に疎いわけでもありません（むしろ、それらの逆）。ですが、自分の非を認めることは屈辱的なことだと感じるため、防衛的思考に走り、自分の行動の枠組みから見直そうとはしません。

アージリス教授の論文のタイトルが「Teaching Smart People How to Learn（邦訳「防衛的思考を転換させる学習プロセス）[32]」となっていることは、言い得て妙です。

科学ジャーナリストのデビッド・ロブソン氏も似た指摘をしています。[33]

> 知能も教育水準も高い人は、自らの過ちから学ばず、他人のアドバイスを受け入れない傾向がある。しかも失敗を犯したときには、自らの判断を正当化するための小難しい主張を考えるのが得手であるため、ますます自らの見解に固執するようになる。

こうした指摘は、まさに休校中にあまり積極的に動けなかった校長や教員が「できない理由」ばかりを並べる傾向があったことと重なります。

周りへの配慮が学習を妨げる：校長会は同調圧力を高めていないか

アージリス教授が指摘する2つ目の問題は、**同僚や部下を傷つけたくないとか、顔を立てないといけないといった配慮が働くために、深層に潜んでいる不利な情報や真の課題に向き合おうとしない**ことです。つまり、ダブル・ループ学習での「支配変数（枠組み、価

32 ダイヤモンド・ハーバード・ビジネス1991年11月号
33 デビッド・ロブソン著、土方奈美訳（2020）『The Intelligence Trap　なぜ、賢い人ほど愚かな決断を下すのか』日本経済新聞出版 P9

値）」まで突っ込んだ議論や対話をしようとしない、ということです。

教授は米国の大企業などを観察してそう述べていますが、空気を読むことが重要視される日本社会、なかでも学校教育や教育行政の界隈《かいわい》では余計顕著なことかもしれません。

たとえば、都道府県や市区町村ごとに校長が集まる校長会などでは往々にして、ある校長のメンツを気にして、同調的な歩調になりやすいのではないでしょうか。周りの多くが賛成しているのに、「本校は従いません」とは言い出しづらい。その結果、たとえば、「市内で統一して修学旅行は中止にしましょう」と児童生徒も教職員の参加もないままに決定してしまいます。

しかも、似たような「しろうと理論」をもつ者同士が集まることで、持論をさらに強固なものにしてしまいます。たとえば、「端末を自宅に持ち帰らせたら、壊したときにどうするんだ」と、学びの充実よりもトラブル回避のほうが強くなったりします。

これは、「エコーチェンバー現象」とも呼ばれます。[34] エコーチェンバーとは音楽録音用のエコー室のことですが、価値観の似た者同士で交流し、共感し合うことで、特定の意見や思想が増幅されてしまうことを指します。とりわけ、いまはインターネット上の情報やＳＮＳなどを通じて、この現象がより強く出やすくなっている、と言われていますが、学校教育の文脈で申し上げると、校長会という集まりに特に注意をしなければならないと思います。[35]

ＩＣＴの活用についても、同じ市区町村内のどこかの学校が先行的に進めると、他の学校が遅れているように見えるし、「なぜうちではやらないんだ」というクレームが保護者や議員等から入るといけないから、「歩調を合わせてほしい」といったことが校長会や教育委員会と校長との会議の場などで、平気で語られます。

これはビジネスパーソンにとってはにわかには信じ難いことだろうと思います。企業間の競争の世界では、ほかよりも抜きん出るものがないと生き残れませんから、後進のほうに合わせるという学校の発想は奇異に映ります。

こうして、これまでのやり方や前例を見なおすということが進まず、抜本的な問題解決が先送りにされていきます。

34　デビッド・ロブソン著、土方奈美訳（２０２０）『The Intelligence Trap　なぜ、賢い人ほど愚かな決断を下すのか』日本経済新聞出版

35　誤解してほしくないのは、校長会あるいは教頭会といった集まりが悪いと申し上げているのではありません。他校の様子や考え方を知る機会は大事です。同調圧力を高めることなく、忌憚のない意見交換ができる場であればいいのですが、本書で述べたような問題は潜んでいないでしょうか。

体操服の下の肌着禁止も、学校の自浄作用がないから？

「体操服の下に肌着を着てはならない」というルールがある小学校があることが、川崎市議会で問題となりました。昭和の話ではありません、21年3月の話です。ワイドショーでも取り上げられた、同様のルールがある福岡市のある小学校では、保護者が学校に問い合わせたところ、「皮膚の鍛錬のため」だと説明を受けたそうです。納得がいかない母親が抗議すると、学校側は「男性の教師が個別でチェックし、胸の成長を確認できた場合のみ肌着着用を認める」という対応を取るという、信じがたい行動に出ました。[36]

スポーツ庁は児童の心情や保護者の意見を尊重し、こうしたルールの見直しを求める事務連絡を全国の教育委員会などに出しました。[37] 国に言われないと、各学校では見直しが進まないのでしょうか。

肌着禁止の小学校はごく一部かもしれませんが、合理的な理由があるのか、よくわからない校則で児童生徒を縛ろうとする学校はまだまだあります。スカートの丈や頭髪の制限、さらには下着の色指定などは「ブラック校則」と呼ばれ、問題視されています。

一例としては、生まれつき髪が黒以外やくせ毛の生徒に「地毛証明書」の提出を求める高校があることは２０１７年ごろに話題となり、問題視されましたが、東京都立高校の約

４割では、「地毛証明書」はいまだに続いています。[38] グローバル人材の育成や多様性の尊重などと言っていることと、髪の毛の色の指導にこだわり続けることには矛盾を感じます。**「指導」の妥当性や意義を見なおそうとしないで、いつの間にか校則を守らせること自体が目的化しているような学校があるのは、組織学習ができていない**証拠のひとつです。

手厳しい表現になりますが、学校のなかにはシングル・ループ学習しかできていないところ、あるいはシングル・ループ学習すらしようとしていないところもあるのではないか、と感じざるを得ません。

36 スッキリ２０２１年３月15日
37 共同通信２０２１年３月23日
38 毎日新聞２０２１年３月19日。なお２０１７年時点で地毛証明書を求めている都立高校は約６割でした（朝日新聞２０１７年４月30日）。

第４章のまとめ

○休校中ならびに学校再開後、子どもたちのケアや学習支援、ＩＣＴ活用などについて積極的だった学校とそうではない学校がくっきり分かれた。その理由としては、学校や教育行政にリーダーシップの不足がある。

○しかし、なぜそうなってしまったのか、深層を探ると、4点に整理できる。
○深層①【責任分担の曖昧さ】誰も責任を取ろうとしない構造的な問題。
○深層②【教師像との葛藤】従来の教師の専門性や役割を揺さぶり、心理的に不安にさせるテクノロジーを教師は忌避してきた。
○深層③【過去の成功モデルへの依存】「戦後日本の教育・仕事・家族の循環モデル」に学校が慣れ、モデルチェンジしようとしてこなかった。
○深層④【組織学習の脆弱さ】評価が形骸化しており、過去から学ぶことができていない。防衛思考や同調圧力が組織学習を一層遠ざけている。

第5章

学校・家庭・社会をつなぐ「学習する学校」へ

分断から対話へ、学校都合から子ども本位へ

このままだと、どうなるか：近い将来4つのシナリオ

これまでの章で、学校や教育行政のなかには、主体的にリーダーシップを発揮して動こうとしなかったところもあること、そこにはさまざまな要因、深層があることを見てきました。このままいくと、どうなるでしょうか？

一概に言えることではありませんが、大まかに整理するなら、わたしは以下の４つのシナリオが考えられると思います。20年近く前にＯＥＣＤが「Schooling for Tomorrow（明日の学校教育）」というタイトルで、６つのシナリオを検討しています。[1] これを参考にしつつ、日本の文脈に照らして、図５－１の２軸、４つのシナリオに整理して考えると、わかりやすいと思います。

- 【シナリオ１】萎縮《いしゅく》し閉鎖的な学校
- 【シナリオ２】地域に開かれた学校
- 【シナリオ３】市場原理とＩＣＴによる民営化または脱学校化
- 【シナリオ４】学習する学校

図5－1　学校をめぐる将来のシナリオ

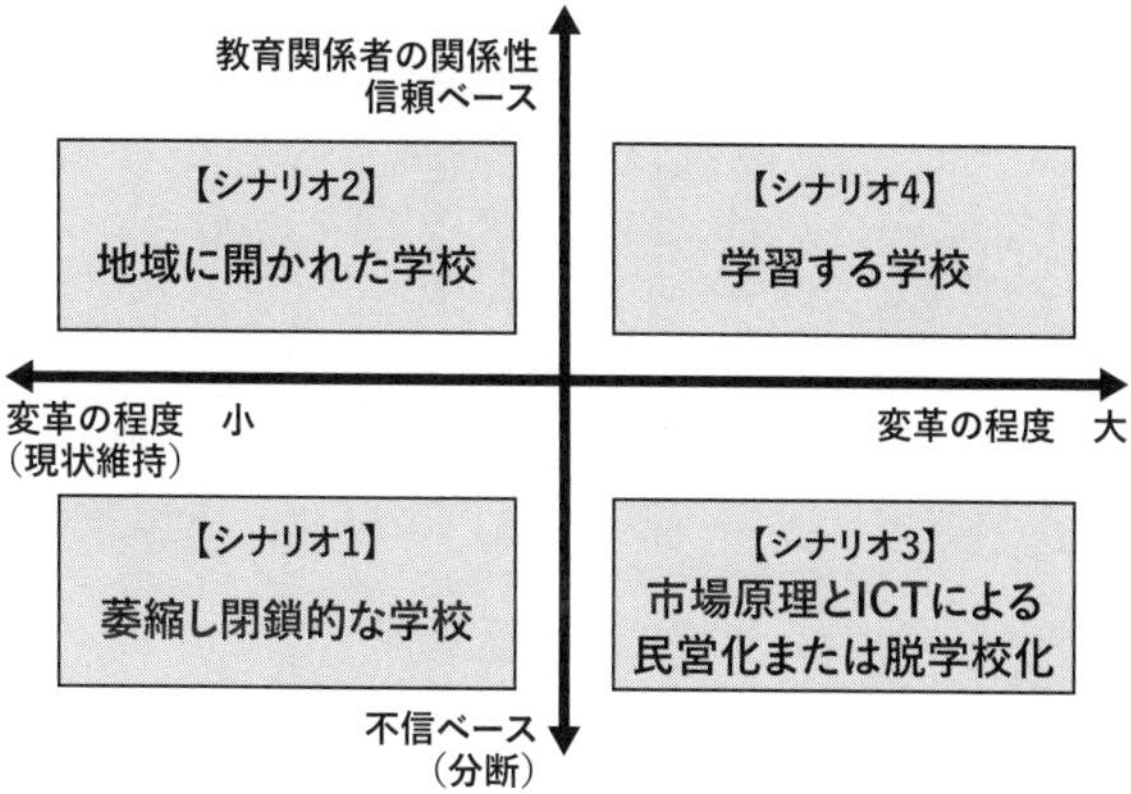

出所）OECD（2004）を参考に筆者作成

ひとつの軸は、変革の程度を大きく見るか、小さい（現状維持に近い）と見るか。もうひとつは、学校（教職員）、児童生徒、保護者、地域住民（地域外の企業、NPOなども含む）などの教育関係者の関係性を相互に信頼し合っている姿として想定するのか、それとも不信感が高まっている関係、分断状態と捉えるのかです。

「【シナリオ1】萎縮し閉鎖的な学校」とは、休校中の「フリーズ」してしまった学校のような状態からあまり変化がなく、従来の指導方法や教師の役割認識のまま推移していくことです。石井英真准教授の『未来の学校　ポ

1　OECD著、二宮皓ほか訳（2004）『明日の学校教育のシナリオ』協同出版　第3章

スト・コロナの公教育のリデザイン』でも、次の懸念が記されています。

> オンライン化がなかなか進まない等、学校の動きが鈍い背景には、タブレット等の未整備、家庭の情報環境といった条件整備面の問題に加え、できるところから始めようとしてLINEやYouTubeなどを使おうとしても、何か一つ問題が起こったらLINEやYouTubeなどの使用という選択肢自体を放棄するといった具合に、挑戦のためのリスクをとらない、正確には、とれなくなってしまったともいえる、コロナ以前から続く学校の萎縮と硬直化の問題があります。（pp．41－42）

閉鎖的で硬直的というコロナ前からの学校・教育行政の問題が、休校とその後の1年あまりのあいだにより表面化し、深刻化しつつあります。

こうした現状維持では、保護者や社会からの信頼は高まるどころか、「学校はいつまでも変わらない」と不満が高まり、あるいは見放されてしまうかもしれません。学校は保護者からの厳しい意見やクレームなどを恐れて、さらに殻に閉じこもってしまうでしょう。

加えて、このシナリオでは、教員数の増加や教員以外のスタッフの増加など、人的支援の充実は見込めません。学校への社会的な信頼が低いと、少子高齢化の日本で教育予算が増えるとは考えにくいからです。
そして金は出さないが、**「もっと教育改革が必要だ」と学校の外（政治家や産業界など）からの圧力で、「教育改革」と呼ばれるものが「量産」されていく**可能性もあります。

ここ10年、20年の日本の学校教育をめぐる歴史からも、こうしたシナリオとなる可能性は濃厚です。広田照幸教授（日本大学）は、新しい学習指導要領をめぐる動きについて、「教員は増やさないし、教える内容の量も減らさないけれど、アクティブ・ラーニングのような教育の高度化を進めなさい」というのは、アジア・太平洋戦争中の「インパール作戦」のようだ、と述べています。[2] 必要な食料や物資を送らない、兵站《へいたん》無視というわけです。

これでは、ただでさえ目の前のことで忙しい先生たちは、さらにたいへんになります。そうすると学校現場での実践、運用は形骸化したり、「改革」の当初の理念通りには進まなかったりすることが多くなるので、また「教育改革が必要だ」と叫ばれる悪循環になりかねません。

「【シナリオ2】地域に開かれた学校」とは、学校が地域住民等との連携を進めて、教育

2　広田照幸（2019）『教育改革のやめ方　考える教師、頼れる行政のための視点』岩波書店　P125

活動の充実・改善などを進めていくことです。コロナ前からも、ゲストティーチャーを呼んで、地域の伝統芸能について体験したり、職業講話を聞いたりすることは、広く行われてきました。コロナ状況下でこうした協働活動を減らす動きも見られますが、今後は復活させていくこと、あるいはより増やしていくことが考えられます。

「シナリオ1」よりもこちらのほうがオープンで、教育関係者の関係性もよくなっていくものと考えられます。前述のとおり、保護者についても、学校の活動に参画する機会や充実感があったほうが、信頼は高まる可能性が高いです。

しかし、このシナリオは、少しずつ改善を進めていくことや「持続的イノベーション」にはなっても、大きな変革にはならないことを想定しています。[3] ICTの利用についても補助的な活用にとどまり、授業方法などの大きな変更にはなりません。

また、保護者や地域住民の参画は、ポジティブな側面ばかりではありません。保護者が学校運営に参画しても、校長らに意見を言いにくいケースがあったり、地域住民が旧来の考え方のまま授業を支援しても、障害のある子など一部の子どもを排除する方向に向かってしまったりするケースもあることが報告されています。[4]

公立学校の「解体」に向かうか？

「【シナリオ3】市場原理とICTによる民営化または脱学校化」とは、学校への不信や不満が高まった結果、学校選択制や教育バウチャー（教育費に充てることができるクーポンを家庭に配布）といった政策が進み、一部の私立学校や評判のよい公立学校などに人がより流れることをイメージしています。

また、家庭でのオンライン学習や学習塾などで勉強は進むので学校には頼らない（「脱学校化」）という家庭が増えることも想定できます。学校は、教科の勉強だけの場ではないので、多数にはならないかもしれませんが。とはいえ、ほぼネット上での学習で進み、通学は年に数回のN高の生徒数は、昨今も急拡大しています。

さらに、**不甲斐ない公立学校を改革するため、独立行政法人化（非公務員化）して経費をカットし、競争原理をもっと働かせようとする政策が導入される**ことも考えられます。

3　クレイトン・クリステンセン教授（ハーバード大学、故人）によると、企業が新しい製品・サービスを出したり、または改良版を出したりすることで、性能の改良を進めることは「持続的イノベーション」と呼ばれます。一方、企業が既存の価値軸上とは別の価値（異なる性能尺度）のあるものを市場に出すことは「破壊的イノベーション」とされています。

学校教育の文脈に照らすなら、1クラス最大40人いる生徒に一斉に同じ内容を教えるスタイルは維持しつつ、よりわかりやすい授業をするといった改善は、「持続的イノベーション」と言えるでしょう。一方、ICTなどを活用して、生徒一人ひとりの習熟度や関心に沿って学び方や学習内容を変えていくことは「破壊的イノベーション」と言えるかもしれません。

4　たとえば、授業支援のボランティアが障害のある児童に配慮して特別扱いすることで、他の児童からは「その子だけずるい」と反感を招くことがあります。そうした結果、教室のなかの差別や排除の構造を維持、強化してしまう可能性があります。

武井哲郎（2017）『「開かれた学校」の功罪　ボランティアの参入と子どもの排除／包摂』明石書店

実際、２００４年に国立大学は法人化されていますし、これに伴い、国立大学の附属学校（たとえば、筑波大学附属の小学校等）の教職員は非公務員となっています。

米英などでも学校の「民営化」の動きは見られます。日本でも公設民営の学校の運営は既に可能（国家戦略特別区域法）で、大阪市立の水都国際中学校・高等学校は学校法人大阪ＹＭＣＡが運営し、国際色豊かな教育を展開しています。

日本では、職員数で言うと、地方公務員の約４割（37・2％）を教育が占め、警察と消防を合わせた数、割合（約16・4％）よりもはるかに多いのですから（２０２０年）、公立学校の「解体」を行革アピールとして主張する政治家や財務当局がもっと出てきても不思議ではありません。

ただし、海外の先行例では、こうした新自由主義的な改革には、さまざまな問題も指摘されています。[5] 学力テストのスコアなど、過度に数値目標が重視されることによる弊害（一部の児童生徒をテストの対象から意図的に外すことや不正）や教職が不安定な職業になることによる採用上の問題（教師不足）、離職者の増加などです。

海外と同じ轍《てつ》を日本が踏むとは限りませんが、いまの日本でも教員人気は下がってきていると言われているなか、このシナリオでは、さらに厳しい状況に学校現場は追い込まれる可能性が高いと思います。

「学習する組織」になれるか？

「【シナリオ4】学習する学校」は、シナリオ3のような過度な市場主義的な政策は採らず、外部との連携・協働を図りつつ、学校が組織学習を進め、自ら変革していく姿をイメージしています。ピーター・M・センゲらは『学習する学校』という本の中で、次のように述べています。[6]

> 学習のための機関は「学習する組織」としてデザインされ、運営することができる。（中略）言い換えれば、学校は、命令や指令、強引な順位付けではなく、学習の方向付けを導入することで、持続可能性のある、生き生きとした、創造的な場に変えられる。
>
> （p．16）

5　ジェリー・Z・ミュラー著、松本裕訳（２０１９）『測りすぎ　なぜパフォーマンス評価は失敗するのか？』みすず書房
Andrew Hargreaves, Dennis L. Shirley (2012) The Global Fourth Way: The Quest for Educational Excellence, Corwin

6　ピーター・M・センゲ他著、リヒテルズ直子訳（２０１４）『学習する学校　子ども・教員・親・地域で未来の学びを創造する』英治出版
P16

ここでは、学校について、知識を詰め込む場とも、根拠がよくわからない校則で子どもを縛り付ける場とも捉えていません。国や教育委員会の言う通りに、最低限のことをそつなくこなせればよいという場でもありません。

「創造的な場に変えられる」というのは、かつてのように、工場や会社でミスなく能率的に仕事をこなす人材を育てるのが学校の主たる役割ではなくなってきているという意味でもあると思います。

日本の学校教育では、テストや入試をはじめ、減点主義で、ひとつの正解を求めるということが過度に強調される傾向がありますが、社会では何が正解かわからないことや、複数の解があっていいことなどもたくさんあります。[7]社会が求める人材像や世の中の大きな潮流と、学校が果たしてきたこととのあいだに大きなギャップが生じつつあるのだとしたら、現状維持のままで本当にいいのだろうかと、学校と教育行政は問いなおす必要があります。

自律的な学習者を育てる、山奥の村と都心の2つの学校の共通点

シナリオ4に近い参考事例を2つ紹介しておきたいと思います。

ひとつは、何度か紹介している白川村立白川郷学園です。[8]白川郷学園では、休校が始ま

ってわずか2週間ほどで、Zoomを活用した児童生徒の交流（オンライン朝の会）を始めました。3月〜4月はじめまでは、授業をどんどん進めるより、まずは児童生徒と先生、また児童生徒同士の関係づくりを優先させたのです。今回のような災害、危機のときには、最前線の現場では、やらないといけないことがたくさん見えてきて、結果的にどれも中途半端になることもあります。この点、優先順位や最重要事項を教職員で共有することはとても大事な経営判断であり、校長や教頭に必要とされるリーダーシップだと思います。

授業については当初は数人の先生が授業提案というかたちで試行した後、児童生徒からの意見、提案などを踏まえて、方法や時間割を修正し、改善を重ねていきました。

読者のみなさんのなかには、ゲームやスマートフォンのアプリで、最初はベータ版というかたちでお試し期間があったり、リリース後も頻繁にアップデートが行われたりしていることをご存じの方も多いと思います。最初から完璧に近いものを出すのは難しいし、スピード感がなくなるのは他社との競争上も問題となるので、そういう対応をしているのです。ユーザーからの指摘や声でバグや問題が見つかったり、当初は想定しなかったアイデ

7　たとえば、藤原和博（2014）『藤原和博の「創造的」学校マネジメント講座　「マネジメント」で学校と地域を動かし活かす』教育開発研究所

8　白川村教育委員会・白川郷学園（2020）『白川郷学園オンライン教育　100日の挑戦』

アが生まれたりすることもあります。白川郷学園の挑戦もこれに近いものを感じます。

教員も子どもたちもだんだんとウェブ会議などのＩＣＴに慣れていくなかで、アイデアが広がっていきました。オンライン上で書写の指導をすることなどは、おそらく当初は思いつかなかったことでしょう。ほかにも、学校からオンライン上で理科の実験の様子を中継して、児童が興味をもてるように工夫したり、プロの演奏家とZoomでつないで鑑賞できるようにしたり。熱心な先生だけが頑張るのではなく、各教職員ができることからチャレンジし、よかったことや課題を組織的に共有した上で、さらなる工夫を行っていきました。

タブレットはもちろんのこと、ひらがなにも不慣れな1年生には、先生が家庭訪問して支援しました。オンラインかオフラインかといった二者択一ではなく、それぞれのいいところを活用しようとした姿勢が見て取れます。

そして学校再開後は、第３章で紹介したように、修学旅行の代替となる学習を生徒たちが自ら企画し、関係者を説得し、成果報告までしましたし、生徒の企画でオンライン自習室なども開設されました。生徒も先生も、主体的に問題解決を進めているわけです。

さらに、白川郷学園で、オンライン授業を進めたことよりも重要かもしれないと私が感じたのは、休校中に「オンライン保健室」をオープンしたことです。子ども・家庭向けの案内文書には「休校中に困った、相談したい、話を聞いてほしいなど、どんなことでもいいです。自由に部屋に入ってきて、声をかけてください。待っています。」とあります。安心した子もいたことでしょう。また、栄養職員による保護者面談（アレルギー対応のことや食事についてオンラインで相談）も実施しました。

学習だけでなく、子どもたちの心のケアやＳＯＳのキャッチ、さらには保護者とのコミュニケーションも丁寧だったと言えます。

それに通常の教科指導の先生だけでなく、こうしたさまざまなスタッフが活躍したという意味でも、白川郷学園の組織的な動き、チームワークは注目に値します。

もうひとつは、私立の新渡戸《にとべ》文化学園（中野区）です。[9]

同学園では「自律型学習者を育てる」「子どもたちに、いつかだれかを笑顔にするHAPPINESS CREATORになってほしい」という理念（最上位目標）のもと、全ての主語

9　同学園の実践については、２０２０年12月に行われた「まちと学校のみらいフォーラム２０２０」での平岩国泰理事長の発表をもとに作成。妹尾昌俊「アフターＧＩＧＡスクール　子どもたちの学びはどう変わるか」社会教育２０２１年２月号

を子どもたちにした学びと、学校と社会をシームレスにつなげることなどを重視した教育活動を展開しています。

実際、自分の力で社会をより良くできる実感をもってほしいという思いから、子どもたち主体の学校運営が盛んです。たとえば、コロナ禍で校外学習に行けなかった小学生たちは、学校のなかでキャンプをしたいというアイデアをふくらませ、資材の調達から当日の運営まで子どもたち主体で行いました。子ども園でも、卒園遠足を園児が話し合って企画します。先生からは「ジャンケンで解決しようとすることが減った」という声も聞かれます。学校のなかで、失敗も含めてさまざまな経験から学ぶ場をつくっているのです。

理念やビジョンはカリキュラム上でも具体化しています。Core Learningと呼ばれる基礎的な知識の習得はICTを活用して、従来よりも短い時間で、個々の子どもたちの習熟等に応じて進めています（「個別最適な学び」）。

そのぶん、生み出された時間をChallenge Based Learningと呼ばれる社会課題に挑戦する学びと、Cross Curriculum、教科を横断する学びの充実に活用します。たとえば、中学・高校の修学旅行も、人口減少で消滅する可能性のある地域に出かけて、社会課題を目の当たりにするスタディ・ツアーとしています。

ICTはさまざまな場面で活躍しています。地球温暖化などの社会課題について中学生が調べ考察したことをZoomでつないで、大人に向かってプレゼンし、アドバイスをもらう授業も実施しています。[10]

中学校では毎週水曜は1日を通してクロスカリキュラムの時間がありますし、毎日1時間ほどは自分で学ぶことを選ぶ、セルフペースドラーニングの時間もあります。セルフペースドラーニングの時間では、生徒は自分で学習計画を立て、課題に取り組み、最後に振り返りを行います。

もちろん、白川郷学園にも新渡戸文化学園にも課題やまだまだ発展途上のところはありますが、とても興味深い事例です。

かたや岐阜の山奥の村の学校、かたや都心の私立ですが、両者には共通点も多くあることにお気づきになった方もいるでしょう。ここでは3点に整理します。

第一に、「子どもたちが自律的な学習者になる（自ら進んで学ぶ、もちろん友達や先生、他の人の助けはかりてもOK）」という理念に共通点があります。休校中に「フリーズ」した学校とは異なり、そうした理念を壁に掲げておくだけのキレイゴトにはしていません。言

10　朝日新聞Globe+ 2020年8月15日

い換えれば、先生たちが教科書等の内容をただただ教え込めばよいという考え方とは一線を画しています。

第二に、学校が組織的にチームとして取り組み、改善を図っています。熱心な先生だけが頑張っているのではない、ということです。校長や教育委員会、学校法人側も教職員の挑戦を奨励しサポートしています。

第三に、学校が自前で頑張ろうと閉じこもっているのではなく、保護者や地域、外部の資源と結びついて、連携していることです。

教育のパラダイムシフト

実は、2つの学園の考え方は、世界中の多くの先進国の教育改革の方向性とも近いものがあります。もちろん各国の動きには違いもありますが、大きな流れ、動向として、香港の教育学者 Yin Cheong Cheng 氏は3つのパラダイム（ものの見方）にわけて考えることを提唱しています（図5－2）[11]。

11 もっとも、3つの波はそう明確に区別できない部分もあり、混在し得ます。いまでも第一の波の残波が残っている部分もありますし、おそらく多くの先進国では第二、第三の波は併存しているでしょう。ただし、どちらによりウェイトを置いた教育活動や教育改革なのかには注目する必要があると思います。
Yin Cheong Cheng (2019) Paradigm Shift in Education: Towards the Third Wave of Effectiveness, Routledge.

図5－2　教育改革の3つのパラダイム、波

	第一の波	第二の波	第三の波
時代認識	✓ 工業化社会 ✓ 変化が少なく、先の見通しの立ちやすい社会	✓ 商業社会、消費社会 ✓ 不確実性と競争により不安定性のある社会	✓ 生涯学習社会 ✓ グローバリゼーションと科学技術の進歩により変化が速い社会
学校の機能、教師の役割	✓ 学校は、中央集権的に計画されたことを内部プロセスを改善しつつ、着実に実行する機関 ✓ 教師は知識・技能を伝達する存在(Delivery Role)	✓ 学校は様々なステークホルダーの期待とニーズに応えつつ、教育の質の保障と説明責任を果たす機関 ✓ 教師はステークホルダーを満足させる存在(Service Role)	✓ 学校は児童生徒の将来にわたる多面的な資質・能力を育む機関 ✓ 教師はグローバルに社会が変化するなかで、児童生徒の発達をファシリテートする存在(Facilitating Role)
子ども像	✓ 見習い ✓ 教師から知識等を授けてもらう人	✓ 顧客、ステークホルダー ✓ サービスの受益者	✓ 多重知能を伸ばす自律的な学習者
親和的な手法(例)	✓ PDCAサイクル ✓ SWOT分析をもとにした計画策定	✓ 学力テスト結果の公表、活用 ✓ 学校選択制、民営化 ✓ 学校評価、学校評議員、コミュニティ・スクール等による、多様な主体の経営参画	✓ ICTを活用した個別最適な学び、自己調整学習 ✓ リカレント教育 ✓ 学校経営でのOODAループの活用

出所)Cheng, Y. C. (2019) Paradigm Shift in Education pp.5-8を参考に一部加筆修正のうえ作成。
「親和的な手法(例)」の欄は引用者により作成。

第一の波のパラダイムでは、国が決めたことを各学校は着実に実施すること、そのなかで改善を図ることなどが重要視されてきました。日本の場合は、学習指導要領と教科書にもとづいて、各校が年間指導計画などを作成します。そして、授業中はなるべく静かに、先生の話をしっかり聞いてノートを取っていなさい、という指導が幅をきかせていたとすると、このパラダイムに近いと言えます。もちろん、こうした学校ばかりではありませんが、いまでも中学校や高校ではこうした授業風景のところも多いのではないでしょうか。

この第一の波での教師の主たる役割は、知識をデリバーする（伝達する）ことにありました。

しかし、第一の波の段階では、学校任せにしていても、学校は十分に保護者や社会の期待に応えられていないのではないかという不満が生まれていきました。

そこで登場した第二の波は、競争原理を働かせることで公教育を変革しようとしました。具体的には、学力テストを含むさまざまな評価やモニタリングに基づく説明責任の履《り》行《こう》、学校選択制導入の動きなどです。【シナリオ3】で述べた新自由主義的な考え方とも親和的です。

第二の波は、教育改革には効果もありましたが、学校や政策担当者が短期志向になりやすく、またマーケット志向が強過ぎたため、教育の中核的な価値が損なわれるケースもありました。
そして、Cheng氏によれば今世紀に入った頃から強まったのは、第三の教育改革の波です。そこでは、生涯にわたって学び続ける力を育むため、多面的な資質・能力を高めることが強く意識されています。ICTはイノベーティブなツールであり、教室のなかや同じ先生と児童生徒だけで学ぶという従来の境界線を越えた学びが実現します。ここでは、教師の主たる役割は子どもたちの学びをファシリテートすることです。

白川郷学園と新渡戸文化学園は、第三の波に近いと言えます。第4章で、学校が変わらない理由として、深層②【教師像との葛藤】と深層③【過去の成功モデルへの依存】を指摘しました。**教職員や児童生徒、保護者をはじめ、関係者の意識の上でパラダイムの転換ができるかどうかということが分岐点でもある**と、私は考えます。

学校はどこに向かうのか

さて、4つのシナリオは、おおまかなアタマの整理に過ぎません。現実には複数のシナリオを融合したものや、もっと複雑な動向が起こるかもしれません。とはいえ、4つのうちからどれかを選ぶとすれば、これからの日本の学校教育はどうなる可能性が高いでしょ

図5−3　シナリオ1からの展開予想

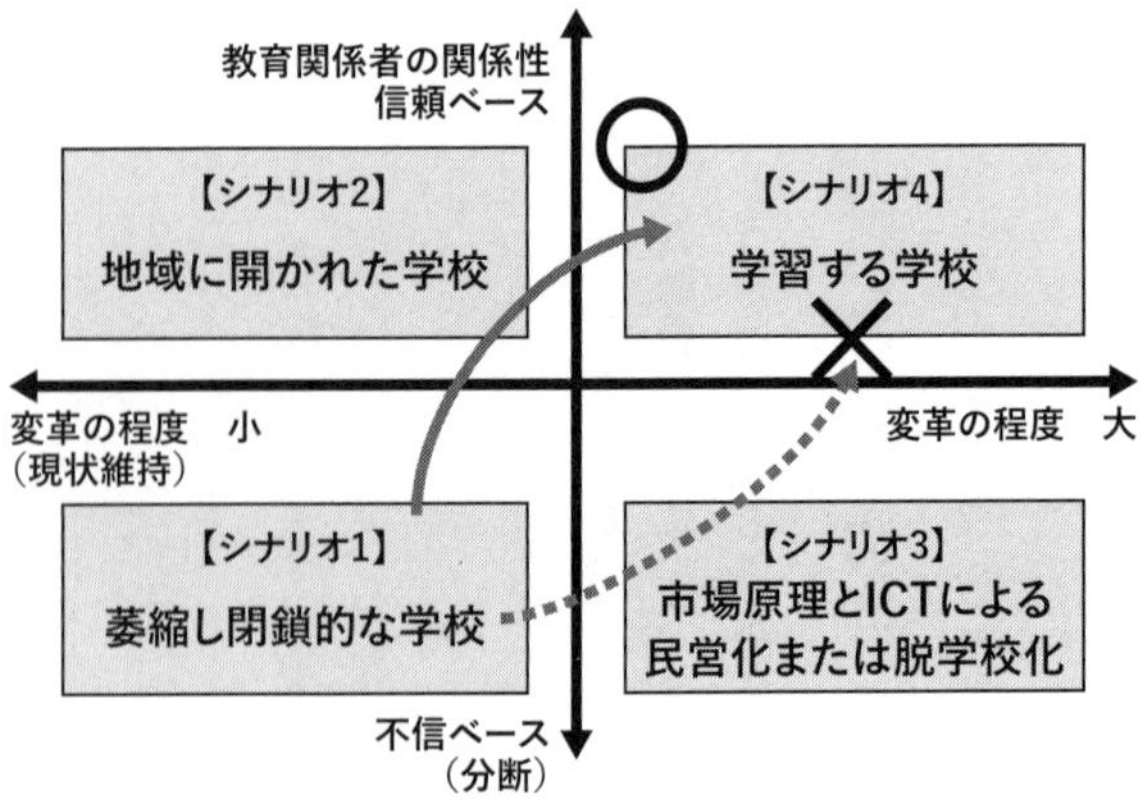

出所）OECD（2004）を参考に筆者作成

うか。また、どうなることが望ましいでしょうか。

後者の望ましいシナリオという意味では、多様な学校があってもいいのでしょうが、多くの人はやはり「【シナリオ4】学習する学校」をめざすということに賛同されるのではないかと思います。約20年前のOECDでの議論もその傾向がありました。

では、現状はそうなっているかと言われれば、白川郷学園や新渡戸文化学園のような例を除き、多くの学校は「【シナリオ1】萎縮し閉鎖的な学校」であり、この1年あまりの「失敗」へのきちんとした反省がないままでは、今後もこれを維持する可能性が濃厚だと思います。

あるいは、将来的には教育不信、学校不信

が行き着くところまで行くと、「【シナリオ3】市場原理とICTによる民営化または脱学校化」になっていくかもしれません。

しかし、【シナリオ3】で学校への不信感が高まった状態から、【シナリオ4】へ向かうとは考えにくいです（図5－3）。【シナリオ4】ではさまざまな人や組織と学校が連携していく必要がありますが、関係者の不信や分断が進む状況では、そんなことはなかなか進まないからです。

現状が【シナリオ1】に近い学校なら、「【シナリオ2】地域に開かれた学校」を経由しつつ、【シナリオ4】をめざすことがひとつの道でありましょう。

なにが必要か、3つの柱と7つの施策

では、学校・教育行政ならびに私たちは、どうしていけばよいでしょうか。

まずは、これまでの学校の状況、成果と反省点をしっかり振り返ったうえで、今後どのような道（シナリオ）に進みたいのか、ビジョンと戦略を明確にしていくことが必要です。

特効薬がある世界ではないと思います。学校がうまく変わることができない深層①～④（第4章）を踏まえるならば、一筋縄《ひとすじなわ》にはいきそうにありません。そこで、少なくとも、以下の3つの柱、7つの施策を進めていく必要があると、私は考えます。

【柱1】学校を関係者が学び合うコミュニティにする
施策①　挑戦を奨励・評価し、失敗を許容する組織風土をつくる
施策②　組織学習に伴走し、ときには異論もはさめる外部人材を学校運営に入れる
【柱2】学校・家庭・社会をつなぎ、カリキュラムの企画・実施から多様な人々の参画を得る
施策③　児童生徒の意見表明と学校運営への参画を進める
施策④　保護者や地域住民等がいつでも来ることができる、オープンな学校にする
施策⑤　企業、行政等の協力を得て、学校支援を副業や有給休暇中の活動として行いやすくする
【柱3】あれもこれも教師に担わせる、欲張りな学校を見直す
施策⑥　学校の役割と教師の業務について仕分けをして、精選する
施策⑦　教師以外のスタッフを増やし、学校内での分業と協業を進めやすくする

施策① 挑戦を奨励・評価し、失敗を許容する組織風土をつくる

学校が前例踏襲的であったり、あるいはＩＣＴの活用などで挑戦的な行動をなかなか取れなかったりする要因のひとつには、校長（その背景には設置者である教育委員会）の姿勢、リーダーシップ不足があります。

休校中もYouTubeなどで児童生徒にメッセージを届けたいといった提案が教職員から出されても、「うちの学校だけ進めるわけにはいかない」、「トラブルになったとき、どうするんだ」などと言って、校長が事実上ストップをかけてしまった例も散見されました。

そもそもこういう**消極的で、事なかれ主義的な校長を登用していいのか**という問題にメスを入れる必要があります。教育委員会が非挑戦的な人材は管理職には登用しないというメッセージを出すだけでもずいぶんちがってくると思います。

また、校長ならびに教職員の人事評価上も、事故やトラブルが起きなかったかという減点主義的なものであれば、自《おの》ずと積極的な行動は抑制されてしまいます。挑戦することを応援し、評価するようにしていく必要があると思います。ときにはうまくいかないことや失敗もあるでしょう。でも、そこから学ぶことができればよいのです。

関連が深いのは、**組織学習を促すには「心理的安全性」の高い職場である必要があると**

いう知見です。つまり、メンバーが気兼ねなく健全に意見を戦わせ、生産的でいい仕事に力を注げる組織であるかどうかという問題です。[12]心理的に安全な職場は、なんでも「いいね！」とする同調性の強い組織という意味ではありません。むしろその逆です。以前、トヨタ自動車では「仲良くケンカする」ということを言っていましたが、心理的安全性と似ています。

学校の職員室や校長会などでは、ともすれば、声の大きな一部の人の意見が支配的だったり、根拠が曖昧な情緒的な意見が無批判のまま通ったり、「ここで反対すると、あの先生から疎まれるかな（あるいはメンツをつぶしかねないな）」という遠慮が働いて沈黙したりするケースがあります。

「そもそも、その教育活動はなんのためだっけ？」「子どもたち起点で考えると、これまでの方法は考えなおす必要があるよね」といった対話と議論をしていけることが必要です。

施策② 組織学習に伴走し、ときには異論もはさめる外部人材を学校運営に入れる

職員室や校長会などで同調圧力が強い傾向があるのは、同質性の高い集団であるからです。[13]「異論」を出すことに躊躇しない、あるいは教職員の固定観念をやわらげてくれる外

部の人材の関わりやアドバイスが、もっと学校には必要だと思います。

これまでの教師像や成功体験とは別の視点を入れるということでもあります。

実際、手前味噌ではありますが、学校の働き方改革などでは、私を含めて外部人材が関わることで前進している例は多くあります。ＩＣＴのイノベーティブな活用についても、外部の専門家の活躍が効果的でしょう。ただし、多少講演・研修をするといったくらいの関わりでは、大きな効果は期待できません。外部人材が継続的に関わり、校長等の相談にのることができる、参謀役的な伴走支援までできている例は少ないです。

コミュニティ・スクール（学校運営協議会）といって、保護者や地域住民、有識者らが学校運営について協議したり、校長に意見を述べたりする場を設ける学校は増えてきました。企業で言うと、社外取締役に近い仕組みです。現在約１万校（全公立学校の約27％）で設置されています。

しかし、うまく機能しているかどうかは疑問です。調査データがないので断言はできま

12　石井遼介（２０２０）『心理的安全性のつくりかた』日本能率協会マネジメントセンター
エイミー・Ｃ・エドモンドソン著、野津智子訳（２０２１）『恐れのない組織　「心理的安全性」が学習・イノベーション・成長をもたらす』英治出版。
13　宇田左近（２０１４）『なぜ、「異論」の出ない組織は間違うのか』ＰＨＰ研究所

せんが、休校中にコミュニティ・スクールで協議して、学校の課題や取り組むべきことを議論したところはどのくらいあるでしょうか。協議会のメンバーは高齢者が多く、コロナの影響で休止してしまったところも多いようです。また、コロナ前からの問題ですが、年に数度しか開催されないコミュニティ・スクールでは、あまり突っ込んだ議論はできず、校長等の提示した案などを承諾する、イエスマン的な運営のところも少なくないようです。

外部から学校の運営や学習を支援する機能[14]はまだまだとても弱いのです。

施策③ 児童生徒の意見表明と学校運営への参画を進める

第3章でも紹介したように、子どもの権利条約では、子どもは自分に関係のある事柄について自由に意見を表すことができ、おとなはその意見を子どもの発達に応じて十分に考慮することを求めています（第12条）。

学校教育が旧態依然としたパラダイムのままで、児童生徒のことを受け身的な存在と見なしている限り、また、とにかく与えよう与えようという親鳥のような教育観でいる限り、自律的な学習者は育ちませんし、今回のように急な休校となったとき、たちまち、子どもたちも家庭もなにをしたらよいのか、困ってしまいます。

白川郷学園や新渡戸文化学園の事例から示唆されるように、学校行事などの企画や学校運営上の問題解決について、子どもたちが参加し、意見を戦わせ、子どもたちで調整していけるような場を増やすことが必要ではないでしょうか。

施策④ 保護者や地域住民等がいつでも来ることができる、オープンな学校にする

映画にもなった大阪市立大空小学校は、いつでも保護者や地域の方が来ていい学校です。私が以前訪問したとき、同校の資料にはこう書かれていました。

> 「授業」はいつでも開いています。時間があれば「インターホン」を鳴らし、学校に入ってください。そして、授業の中に入っていただき、子どもと学び合ってください。
> 大人が学ぶ姿を子どもが見ることは、子どもの大きな力になります。「いつでもできるときにできる人が無理なく楽しく」子どもにかかわってください。

14 厳密に申し上げると、コミュニティ・スクールの委員は、特別職の地方公務員となりますから、外部の人間ではありませんが、教職員から見れば、よそ者の委員も多いわけですから、本書では外部として分類しています。

この1年あまりの学校と保護者等との関係性の亀裂の原因を分析すると、その多くは、学校の様子が見えなかった、コミュニケーションすることがほとんどなかった点にあります。大空小学校のようにオープンな学校であること、また、感染リスクが低くなれば、ちょっとした茶話会《さわかい》（保護者と校長らが気軽に話をする場）を開催したりするといいと思います。

別のある小学校はＰＴＡならぬ「ＧＴＡ」という組織を運営しています。これは、Grandparents and Teachers Association という意味で、地域のおじいちゃん、おばあちゃんが学校に来てゲストティーチャーになったり、丁寧なケアが必要な子に寄り添ったりするわけです（実の孫がいなくてもＧＴＡに入れます）。

さまざまな人の手を借りることは、前述のとおり注意を払うべき課題もありますが、多忙でもあり、同時に「個別最適な学び」や探究的な学習で学び（教育）の高度化も図っていこうとする多くの学校で、非常に重要だと思います。

施策⑤ 企業、行政等の協力を得て、学校支援を副業や有給休暇中の活動として行いやすくする

学校に関わるのは、なにも保護者や地域住民だけではありません。先日ある経済団体に

呼ばれて教育問題について講演したのですが、私は、ぜひビジネスパーソンがもっと学校教育に関わってほしい、と提案しました。企業の経営者には、**たまには有給休暇で従業員を学校に派遣したり、学校支援を副業として認めてほしい**、と申し上げました。

いまも企業人がカリキュラムの一部に関わることは行われています。たとえば、私の古巣の野村総合研究所では、セブン‐イレブンの情報システムを担っている会社でもあるので、小学校や中学校へ教材を貸し出して、スーパーマーケットの店長になったつもりでデータをもとに発注・販売を疑似体験するプログラムを行っているそうです。こういうリアルな社会課題と関連付けた学習ができると、数学や社会、技術家庭科などを学ぶ意味やICTの活用への興味・関心が高まります。

教育に関わると、子どもたちから刺激を受け、従業員たちも自分の仕事のよさを再確認したり、価値を見つめなおしたりします。「大企業や社会の歯車のひとつと思っていた仕事がちがって見えてくる」とある方は言っていました。つまり、学校側、児童生徒（家庭）側にとっても、派遣する企業等の側から見ても、連携はWin-Win-Winとなる可能性があるのです。

施策⑥ 学校の役割と教師の業務について仕分けをして、精選する

忙しいのを言い訳にばかりしてもいけませんが、学校が組織学習を進め、子どもたちの好奇心を高めるような魅力的なカリキュラムを企画し、実行していくためには、もっと教職員に時間と精神的なゆとりが必要です。

詳しくは前著『教師崩壊』で提案しましたので、詳細は記述しませんが、学校、教師にあれもこれもお願いしてきた「欲張りな学校像」はいい加減、大きな修正を図る必要があると、私は考えます。

これまで学校や教員が担ってきた仕事を一度洗いなおして、仕分けをすることが必要です。パラダイムを転換させ、子どもたち主体で学びを進めるのであれば、授業の準備や児童生徒へのフィードバックに、先生たちの時間とアタマをもっと使えるようにしていくべきです。代わりに、必ずしも教師が担う必要がないこと、たとえば、学校管理外で起きた生徒トラブルへの対応や課外活動である部活動の指導などは、教師の業務から切り離すことも必要だと思います。

また、学習指導要領の内容の精選なども進めていくべきと考えます。「Less is more」（少ないほうが豊かである）という言葉があるそうです。少なく教えて豊かに学ぶ、という

発想が重要だと思います。

施策⑦ 教師以外のスタッフを増やし、学校内での分業と協業を進めやすくする

新型コロナが明らかにしたように、学校の機能が事実上ストップし、家庭任せが大きくなると、子どもたちの福祉やウェルビーイングという点で大きな問題がありましたし、この爪痕《つめあと》は教育格差の拡大などによって後々まで残る可能性が高いです。

私は「欲張りな学校はやめよう」と提案していますが、一方で「【シナリオ3】市場原理とICTによる民営化または脱学校化」のように学校の機能を縮小していけばそれでよい、と考えているわけではありません。

図5－4は国立教育政策研究所が諸外国をリサーチした上で、学校の機能・役割の大きさと、教師の職務内容、範囲に基づいて、タイプ分けしたものです。[15]

教科の勉強だけでなく、学校行事などの特別活動も盛んで、かつ部活動などの課外活動も活発である日本の学校教育は、学校の機能としては大きいほうに分類できます。ただ

15　国立教育政策研究所（2017）「学校組織全体の総合力を高める教職員配置とマネジメントに関する調査研究報告書」

図5−4　諸外国の学校と教師の役割類型

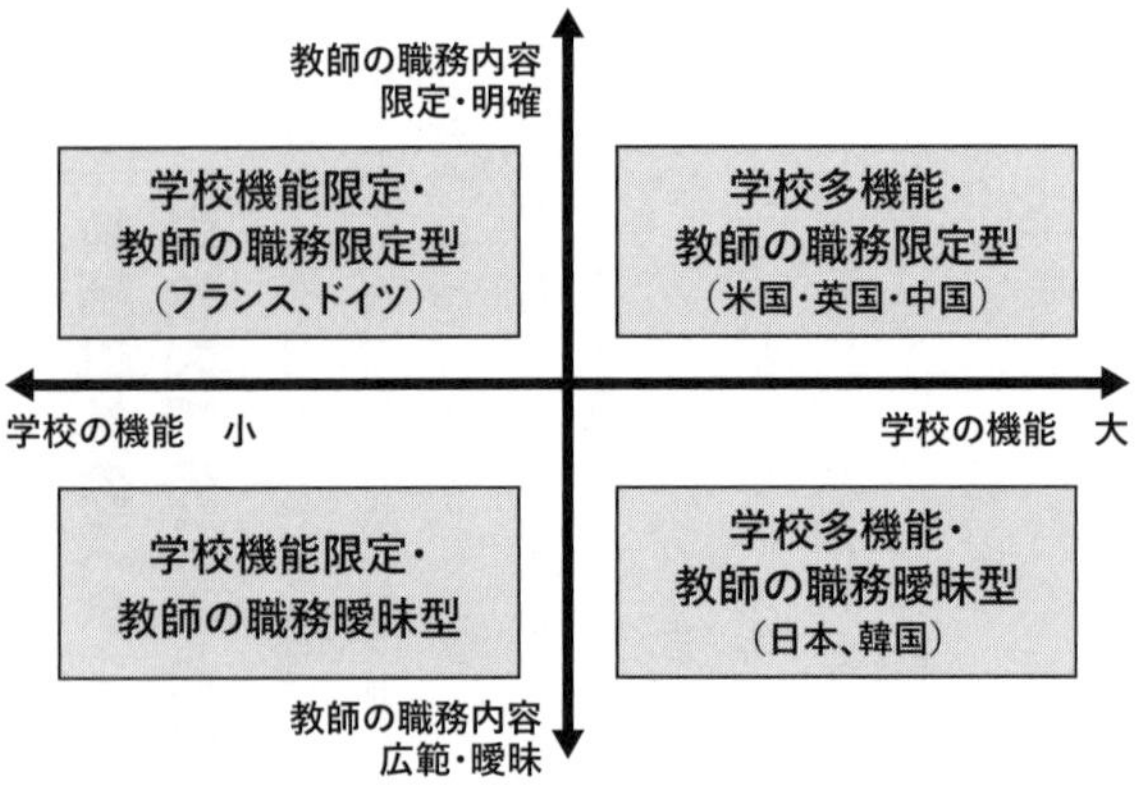

出所）国立教育政策研究所（2017）をもとに一部修正

し、外国との比較をすると、学校の機能が大きいからといって、イコール教師の役割も多《た》岐《き》にわたるとは限りません。別のスタッフが担う場合もあるからです。日本の場合は、教師以外のスタッフが少なく、教師が心理カウンセラー的な役割から進路相談、部活動指導、給食や休み時間の見守りなども〝ワンオペ〟で行っています。

さまざまな考え方と政策の選択肢はありますが、仮に教員数を大幅に増やすということが難しい（教師の確保上や予算上の難点に加えて、質を担保できるかという問題）のであれば、次の方向性が考えられます。

●学校の機能について、仕分けをして現状よりも小さくしつつも、居場所としての学校

の役割や貧困問題への対処などの福祉的な役割は残す。

●教師の職務内容・範囲についても仕分けをしたうえで、現状よりも限定的にしていく。代わりに教師以外のスタッフを増やし、分業・協業していく。

　休校からのこの1年あまりの反省を踏まえるなら、やはり先生たちに依存し過ぎているいまの体制は脆弱です。たとえると、集中管理する大型コンピュータがフリーズしてしまうと、悪影響が多方面に及ぶ状況で、リスクが高い状態です。いまもスクール・カウンセラーやスクール・ソーシャル・ワーカー、キャリア・コンサルタント、ICT支援員の方らが子どもたちのために活躍していますが、予算と人材育成が十分ではないために複数校を掛け持ちし、ひとりの子どもにはたまにしか関われないケースも多々あります。

　また、保護者、地域や企業等ともっと連携して、おもしろいカリキュラムをやっていこうにも、いまの学校では教頭や一部の先生が、調整から事務的な手続きまで、多くをこなすことになりがちですから、協働には消極的になる学校も多くなります。さまざまな人々との調整やコミュニケーションに長《た》けた社会人経験者らを地域連携担当スタッフとして雇用することなども考えていくべきでしょう。

　以上、3つの柱、7つの施策を提案しました。

これらのアイデアの多くは、そう目新しいものばかりではないだろうと思いますし、一部は既に実施されていることもあります。ですが、これまでは学校や教育行政の取り組みが形骸化するなどして、不十分な部分もあったこと、また、予算をあまりにもかけてこなかったため、理念はあっても実態としてはほとんど前進してこなかったものも多いです。

この1年あまりの歴史を虚心坦懐《きょしんたんかい》に振り返った上で、学校教育はどこに向かうべきか、優先順位をなにに置くべきか再考して、行動変容につなげていくことが必要です。

学校・家庭・社会をつなぎ「学習する学校」へ、不信感や分断を広げるのではなく、気がねなく対話できる関係へ、学校都合から子ども本位へ。そう転換する未来をつくるのは、いまの子どもたちと大人の私たちだと思います。

第5章のまとめ

○コロナ危機を経験した学校教育は今後どうなっていくだろうか。関係者に現状維持志向が強い場合、萎縮し閉鎖的な学校となっていく可能性が高い。こうなっては悪循環である。

○学びの変革を進め、関係者の相互信頼が高まる「学習する学校」になっていくためには、3つの柱、7つの施策を進めていく必要がある。

おわりに

『教師と学校の失敗学　なぜ変化に対応できないのか』をお読みいただき、ありがとうございました。私は「失敗」には、３つの種類があると考えています。

①困難な状況に挑戦したものの、運などが悪く、うまくいかなかったこと。
②挑戦したが、考え方ややり方がまずかったため、うまくいかなかったこと。
③挑戦もしなかったこと。身動きが取れないままだったこと。

この1年あまりの学校や教育行政の「失敗」は、どれに当たるでしょうか？

①もあるでしょうが、多くは②か③ではないか。それが本書の診断です。新型コロナウイルスとの戦いは難局続きであることは確かですし、その中で多くの教育関係者が、ずっと尽力しているのも事実です。

しかし、子どもたちの自律的な学びを支援すること、子どもと教職員のウェルビーイング、福祉を大切にすること、旧来の考え方からアップデートしてＩＣＴなどのテクノロジーを創造的に使っていくこと。これらが進んでいない背景には、コロナのせいばかりにはできない構造的な問題、あるいは組織的な問題があります。

　やや話を広げるなら、日本の学校教育では（おそらく家庭教育でも）、子どもたちにも失敗をなるべくさせないように、大人の私たちが「転ばぬ先の杖」を差し出し続けてきた側面もあるのではないでしょうか。受験や学力テストなどに役立つ知識を伝え、正解になるべく速く到達する術を身につけることにエネルギーと時間が割かれる一方、回り道をしたり、子どもたちで試行錯誤し改善したりする「ゆとり」がなくなりつつあります。これらは、ＡＩ（人工知能）などに代替されやすい人材を育成してしまっています。

　なぜ、学校がそうなっているのか。先生方に尋ねてみると、「失敗を恐れている。目の前の業務で忙しいなか、クレームなどが来るのは勘弁してほしい」といった声も聞きます。

　しかし、①の失敗には仕方がない部分が多いですが、②や③の失敗は、しっかり反省すれば、いまと未来がよりよくなります。教訓として生きてきます。ぜひ、子どもたちにも、先生たちにも、「失敗から学ぶ」ことをポジティブに捉え、挑戦することを大切にしてほしいと思います。

本書の作成にあたっては、多くの友人、研修会等で出会った方々から、学校や先生たちの実情を伺ったことが糧となっています。感謝申し上げます。コロナが収束したら、またお酒を酌み交わしたいですね。

また、前著『教師崩壊』に引き続き、PHP研究所の宮脇崇広さんにたいへんお世話になりました。新書としては珍しくデータや注釈が多く、本文もギリギリまで加筆修正しましたが、丁寧かつ迅速な対応をしていただき、感謝します。

最後になりましたが、読者のみなさん、本書を手に取っていただき、ありがとうございました。どこかでオンラインまたは対面でお話をしたり、感想や学校の様子などをお伝えいただけたりすると、嬉しいです。

最後に哲学者カール・ポパーの言葉を引用しておきます。

「真の無知とは、知識の欠如ではない。学習の拒絶である」

2021年4月　震災から10年、福島の先生たちと歓談したあとの新幹線にて

妹尾昌俊

参考文献

青木栄一（２０２１）『文部科学省　揺らぐ日本の教育と学術』中央公論新社

有賀三夏（２０１８）『自分の強みを見つけよう　「８つの知能」で未来を切り開く』ヤマハミュージックメディア

アンドレアス・シュライヒャー著、鈴木寛ほか訳（２０１９）『教育のワールドクラス　21世紀の学校システムをつくる』明石書店

Andrew Hargreaves, Dennis L. Shirley (2012) The Global Fourth Way: The Quest for Educational Excellence, Corwin.

石井英真（２０２０）『未来の学校　ポスト・コロナの公教育のリデザイン』日本標準

石井遼介（２０２０）『心理的安全性のつくりかた』日本能率協会マネジメントセンター

岩瀬直樹ほか（２０２０）『ポスト・コロナの学校を描く』教育開発研究所

内田良（２０１５）『教育という病　子どもと先生を苦しめる「教育リスク」』光文社

A・コリンズ、R・ハルバーソン著、稲垣忠ほか訳（２０２０）『デジタル社会の学びのかたちＶｅｒ．２　教育とテクノロジの新たな関係』北大路書房

宇田左近（２０１４）『なぜ、「異論」の出ない組織は間違うのか』ＰＨＰ研究所

エイミー・C・エドモンドソン著、野津智子訳（２０２１）『恐れのない組織　「心理的安全性」が学習・イノベーション・成長をもたらす』英治出版

L・キューバン著、小田勝己ほか訳（２００４）『学校にコンピュータは必要か　教室のＩＴ投資への疑問』ミネルヴァ書房

ＯＥＣＤ著、二宮皓ほか訳（２００４）『明日の学校教育のシナリオ』協同出版

小川正人（２０１９）『日本社会の変動と教育政策　新学力・子どもの貧困・働き方改革』左右社

小倉昌男（１９９９）『小倉昌男　経営学』日経ＢＰ社

荻上チキ・内田良（２０１８）『ブラック校則　理不尽な苦しみの現実』東洋館出版社

神林寿幸（2017）『公立小・中学校教員の業務負担』大学教育出版
苅谷剛彦（2002）『教育改革の幻想』筑摩書房
苅谷剛彦（2020）『コロナ後の教育へ　オックスフォードからの提唱』中央公論新社
苅谷剛彦・増田ユリヤ（2006）『欲ばり過ぎるニッポンの教育』講談社
教育改革2020「共育の杜」編（2021）『コロナ禍が変える日本の教育　教職員と市民が語る現場の苦悩と未来』明石書店
クレイトン・クリステンセンほか著、櫻井裕子訳（2008）『教育×破壊的イノベーション　教育現場を抜本的に変革する』翔泳社
小松光、ジェルミー・ラプリー著（2021）『日本の教育はダメじゃない　国際比較データで問いなおす』筑摩書房
坂本旬ほか（2020）『デジタル・シティズンシップ　コンピュータ1人1台時代の善き使い手をめざす学び』大月書店
佐古秀一、曽余田浩史、武井敦史（2011）『学校づくりの組織論』学文社
佐藤明彦（2020）『教育委員会が本気出したらスゴかった。』時事通信社
ジェリー・Z・ミュラー著、松本裕訳（2019）『測りすぎ　なぜパフォーマンス評価は失敗するのか？』みすず書房
白川村教育委員会・白川郷学園（2020）『白川郷学園オンライン教育　100日の挑戦』
妹尾昌俊（2015）『変わる学校、変わらない学校』学事出版
妹尾昌俊（2019）『こうすれば、学校は変わる！「忙しいのは当たり前」への挑戦』教育開発研究所
妹尾昌俊（2019）『学校をおもしろくする思考法　卓越した企業の失敗と成功に学ぶ』学事出版
妹尾昌俊（2020）『教師崩壊』PHP研究所
田中智輝ほか（2021）『学校が「とまった」日　ウィズ・コロナの学びを支える人々の挑戦』東洋館出版社
露口健司（2012）『学校組織の信頼』大学教育出版
デイビット・ラバリー著、倉石一郎ほか訳（2018）『教育依存社会アメリカ　学校改革の大義と限界』岩波書店

デビッド・ロブソン著、土方奈美訳（２０２０）『The Intelligence Trap　なぜ、賢い人ほど愚かな決断を下すのか』日本経済新聞出版
苫野一徳（２０１９）『「学校」をつくり直す』河出書房新社
畑村洋太郎（２０００）『失敗学のすすめ』講談社
服部泰宏（２０２０）『組織行動論の考え方・使い方　良質のエビデンスを手にするために』有斐閣
ピーター・M・センゲほか著、リヒテルズ直子訳（２０１４）『学習する学校　子ども・教員・親・地域で未来の学びを創造する』英治出版
藤原和博（２０１４）『藤原和博の「創造的」学校マネジメント講座　「マネジメント」で学校と地域を動かし活かす』教育開発研究所
広田照幸（２００５）『教育不信と教育依存の時代』紀伊國屋書店
広田照幸（２０１９）『教育改革のやめ方　考える教師、頼れる行政のための視点』岩波書店
藤原文雄ほか（２０１８）『世界の学校と教職員の働き方　米・英・仏・独・中・韓との比較から考える日本の教職員の働き方改革』学事出版
堀江貴文（２０１７）『すべての教育は「洗脳」である　21世紀の脱・学校論』光文社
本田由紀（２０１４）『社会を結びなおす　教育・仕事・家庭の連携へ』岩波書店
前田康裕（２０２０）『まんがで知る未来への学び３　新たな挑戦』さくら社
マシュー・サイド著、有枝春訳（２０１６）『失敗の科学　失敗から学習する組織、学習できない組織』ディスカヴァー・トゥエンティワン
松岡亮二（２０１９）『教育格差　階層・地域・学歴』筑摩書房
村上祐介、橋野晶寛（２０００）『教育政策・行政の考え方』有斐閣
Yin Cheng Cheng (2020) Paradigm Shift in Education: Towards the Third Wave of Effectiveness. Routledge.

PHP新書

PHP INTERFACE
https://www.php.co.jp/

妹尾昌俊［せのお・まさとし］

教育研究家、合同会社ライフ&ワーク代表。徳島県出身。京都大学大学院法学研究科を修了後、野村総合研究所を経て、2016年から独立。文科省での講演のほか全国各地で教職員研修やコンサルティングを手がけている。中央教育審議会「学校における働き方改革特別部会」委員、スポーツ庁、文化庁において、部活動のあり方に関するガイドラインをつくる有識者会議の委員も務めた。著書に『学校をおもしろくする思考法』（学事出版）、『教師崩壊』（PHP新書）など。

◎連絡先
senoom879@gmail.com
◎Twitter
@senoo8masatoshi

図版作成：桜井勝志

教師と学校の失敗学

なぜ変化に対応できないのか

PHP新書1262

二〇二一年五月二十七日　第一版第一刷

著者――妹尾昌俊
発行者――後藤淳一
発行所――株式会社PHP研究所
東京本部――〒135-8137 江東区豊洲5-6-52
第一制作部 ☎03-3520-9615（編集）
普及部 ☎03-3520-9630（販売）
京都本部――〒601-8411 京都市南区西九条北ノ内町11
組版――有限会社エヴリ・シンク
装幀者――芦澤泰偉＋児崎雅淑
印刷所
製本所――図書印刷株式会社

ISBN978-4-569-84943-0

ＰＨＰ新書刊行にあたって

「繁栄を通じて平和と幸福を」（PEACE and HAPPINESS through PROSPERITY）の願いのもと、ＰＨＰ研究所が創設されて今年で五十周年を迎えます。その歩みは、日本人が先の戦争を乗り越え、並々ならぬ努力を続けて、今日の繁栄を築き上げてきた軌跡に重なります。

しかし、平和で豊かな生活を手にした現在、多くの日本人は、自分が何のために生きているのか、どのように生きていきたいのかを、見失いつつあるように思われます。そして、その間にも、日本国内や世界のみならず地球規模での大きな変化が日々生起し、解決すべき問題となって私たちのもとに押し寄せてきます。

このような時代に人生の確かな価値を見出し、生きる喜びに満ちあふれた社会を実現するために、いま何が求められているのでしょうか。それは、先達が培ってきた知恵を紡ぎ直すこと、その上で自分たち一人一人がおかれた現実と進むべき未来について丹念に考えていくこと以外にはありません。

その営みは、単なる知識に終わらない深い思索へ、そしてよく生きるための哲学への旅でもあります。弊所が創設五十周年を迎えましたのを機に、ＰＨＰ新書を創刊し、この新たな旅を読者と共に歩んでいきたいと思っています。多くの読者の共感と支援を心よりお願いいたします。

一九九六年十月

ＰＨＰ研究所